## PART 3 高尾山薬王院まるっとナビ



### 学んで遊んで　めいっぱい高尾山 体験スポット&体感施設





## PART 4 高尾山の自然図鑑



**本書について**

●本書で紹介している記事・情報・データなどは、2021年7月現在のものです。
●歩行時間は、地図上で算出しているため、多少の誤差が生じる場合があります。
●価格は税込みで表示してあります。
●登山コースは、諸事情により通行止めとなる場合がありありますので、ご確認をお願いいします。

# 高尾山の魅力

大人から子どもまで楽しめるスポットが満載。
高尾山の魅力と人気の理由を紹介。

都心から約1時間のアクセス。豊富な自然と変化に富んだハイキングコース。
高尾山のシンボル・薬王院。グルメなど、魅力満載！

## Access
### 都心から1時間

東京都八王子市にある高尾山は、JR、京王線で都心から約1時間。ケーブルカーを利用すれば40分あまりで頂上まで行ける。日帰りで十分、山歩きが楽しめるスポットだ。

アクセス

## Gourmet
### 名物とろろそば

表参道、中腹、山頂に約20軒ほどある食事処。高尾山は「とろろそば」が名物で、それぞれのお店が趣向を凝らしている。自分の好みに合ったそばを食べよう！

グルメ

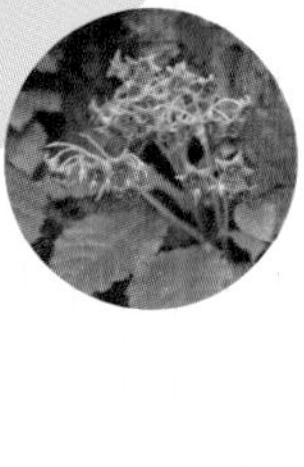

## Mystery

### 高尾山薬王院

高尾山の中腹にある薬王院は真言宗智山派の大本山で1200年以上の歴史を持つ。大本堂をはじめ、東京都有形文化財の飯縄権現堂、奥之院不動堂など。精進料理、宿坊もある。

神秘

## Nature

### ハイキングコース

高尾山には７つの自然研究路があり、それぞれ魅力的なコースばかり。さらに、小仏城山、景信山、陣馬山など奥高尾のほうまで足をのばせば、より快適な登山が楽しめる。

自然

## Souvenir

### 豊富なおみやげ

名物「天狗焼」をはじめ、高尾山ならではのおみやげがいっぱい。「天狗さまのへそのゴマ」「高尾山きゃらぶき」ほか、手焼きせんべいや饅頭、パイ、カレーもある。

おみやげ

## Location

### 抜群の眺望

ケーブルカーの高尾山駅がある霞台や1号路の金比羅台園地、稲荷山頂上、高尾山頂上など、見晴らしのいいポイントが多数ある。東京都心や横浜、富士山も眺望できる。

ロケーション

# 高尾山へのアクセス

## 行きたいコースに合わせて便利なアクセスをチョイス

**平日も休日も2割引！「高尾山きっぷ」**

京王電鉄では、京王線・井の頭線各駅から高尾山口駅までの「往復割引乗車券＋高尾山ケーブルカー又はリフト割引乗車券（往復又は片道）」セットを発売。券売機「おとくなきっぷ」ボタンを押して購入（年末年始を除く）。

㊐京王お客様センター ☎042-357-6161

## 電車で来るなら

### ■京王線

［直通 特急・準特急 利用］
※途中、「北野駅」「高尾駅」で乗り換える電車もあり

新宿駅 → 高尾山口駅
約46分・390円※

※料金はすべてIC優先ではなく、現金（キップ）優先

### ■JR中央線

新宿駅 →［特別快速 利用］約44分・570円 → 高尾駅［京王高尾線に乗り換え］→ 約3分・130円 → 高尾山口駅

## 高尾山エリアへ行くなら……

●自然研究路1号路（⇨P26）●2号路（⇨P31）
●3号路（⇨P34）●4号路（⇨P37）●5号路（⇨P40）
●6号路（⇨P43）●稲荷山コース（⇨P47）
●高尾山〜小仏城山（⇨P57）

**京王線「高尾山口駅」から徒歩約5分でケーブルカー「清滝駅」＆リフト「山麓駅」**

### ■ケーブルカー

清滝駅（海抜201m）→ 約6分 → 高尾山駅（海抜472m）

**始発　8:00から15分間隔**
**終発　17:15**

●季節や曜日、混雑により異なる
●「高尾山ビアマウント」期間中は延長

**日本一の急勾配**

高尾山駅に着く少し手前で、31度18分の急勾配。ケーブルカーの中では日本でいちばんの勾配となる。車椅子でも乗車できる。

### 楽しく空中散歩

三角屋根の清滝駅と同舎で、階段を上がって乗車。全長872m。眼下に景色を眺める下りも楽しい。

### ■リフト

山麓駅（海抜201m） → 約12分 → 山上駅（海抜462m）

**平日　9:00〜16:30**
（12月〜4月は16:00まで）

●土日祝日は状況により、運転延長

**ケーブルカーとリフトは同料金**

| 料金 | 片道 | 往復 |
|---|---|---|
| 大人 | 490円 | 950円 |
| 小児 | 250円 | 470円 |

・中学生以上は大人料金
・未就学児（リフトは3歳未満）は大人1名につき1名無料
㊋高尾登山電鉄
☎042-661-4151

## 北高尾・奥高尾エリアへ行くなら……

●蛇滝コース（⇨P51）●いろはの森コース（⇨P54）
●景信山（⇨P61）●陣馬山（⇨P65）

**京王線「高尾駅」と隣接したJR中央線「高尾駅」から徒歩約1分で北口バスのりば**

### ■京王バス「小仏行き」

●蛇滝コース　高尾駅北口➡（約7分・200円）➡蛇滝口

●いろはの森コース　高尾駅北口➡（約11分・240円）➡日影

●景信山　高尾駅北口➡（約21分・240円）➡小仏
・「小仏行き」は1時間に平日約1便、土日祝日約2〜3便　㊋京王バス南大沢営業所 ☎042-677-1616

### ■西東京バス「陣馬高原下行き」

●陣馬山　高尾駅北口➡（約37分・570円）➡陣馬高原下
・平日・土日祝日ともに1時間に約1便　㊋西東京バス恩方営業所 ☎042-650-6660

**帰りのバスもチェック!**

●高尾山〜小仏城山　小仏➡京王・JR高尾駅北口
「京王バスナビ携帯版」http://www.bus-navi.com/mobile/
●景信山　底沢➡JR相模湖駅
●陣馬山　和田➡JR藤野駅
「神奈中モバイル」http://www.kanachu.co.jp/mobile/

## 車で来るなら

●アクセス：中央自動車道八王子JCT経由、圏央道高尾山ICより新宿方面へ約3〜5分

### ■八王子市営高尾山麓駐車場

料金：［普通車］平日800円、土日祝日1,000円／12時間まで（時期により異なる）
収容：80台　➡P2 MAP

### ■京王高尾山駐車場

料金：［普通車］平日1,500円、土日祝日2,000円／12時間まで（「京王高尾山温泉/極楽湯」利用者は3時間まで無料）
収容：80台　➡P2 MAP

### ■高尾山薬王院祈祷殿駐車場

料金：［普通車］500円／日（午前8時〜午後4時）
収容：250台　➡P2 MAP

1年中めいっぱい楽しむ!!

# 高尾山の四季のイベント

3月第二日曜

## 火渡《ひわた》り祭《さい》

災厄を払う勇壮な火行を行う、薬王院最大の行事。麓の自動車祈祷殿広場で行われ、山伏がくすぶる火の上を裸足で歩く。一般参詣者が残り火の上を歩くこともできる。例年13:00～15:00。
㊥高尾山薬王院 ☎042-661-1115

1月1日

## 迎光祭《げいこうさい》

大晦日～元旦にかけて高尾山の山頂に祈願所が設けられ人々でにぎわう。初日の出とともに山伏の法螺貝が響き、晴れていれば霊峰富士山を望める。ケーブルカーは終夜運転。
㊥高尾登山電鉄 ☎042-661-4151

3月　春　2月　1月

2月3日

## 節分会《せつぶんえ》

薬王院では、前年活躍した大相撲力士、人気俳優らを招き、本堂前の舞台から盛大に豆まきを行う。例年9:00～14:30（1時間半おき）。
㊥高尾山薬王院 ☎042-661-1115

1月下旬～3月下旬

## 高尾山の冬そばキャンペーン

麓から山頂までの約20店のそば処が集結。スタンプを集めて賞品を当てたり、お得なクーポン割引も。クーポン券は京王線・井の頭線各駅配布のキャンペーンチラシで。
㊥京王お客さまセンター
☎042-357-6161

1月中旬の日曜

## どんど焼き

陣馬街道沿いの「夕やけ小やけ ふれあいの里」では、高さ20m近くにおよぶセエノカミを立て正月飾りを焚き上げる。木に刺した「まゆ玉」を焼き無病息災を祈って食す。例年10:00～13:00。入場料：大人200円。㊥夕やけ小やけ ふれあいの里 ☎042-652-3072

**3月中旬の土・日曜**

## 高尾梅郷梅《たかおばいごううめ》まつり

JR高尾駅から旧甲州街道沿いの約4.5kmに点在する梅林で、約1万本の紅白の花が咲く。関所梅林では琴の演奏や野点が行われ、4つの梅林をめぐるスタンプハイクも。
㊐高尾梅郷梅まつり実行委員会
☎080-6758-1187

**4月第三日曜**

## 春季大祭《しゅんきたいさい》

薬王院の春の大祭で、本堂で特別開帳大護摩供法要修行が行われる。霞台の十一丁目茶屋～薬王院までは、華やかな衣装で着飾った稚児行列が練り歩き、参道は見物客でいっぱいに。
㊐高尾山薬王院 ☎042-661-1115

**4月中旬～5月末日曜**

## 高尾山 若葉まつり

木々が芽吹く春～初夏シーズンの土日祝日に、清滝駅前ステージで八王子の伝統芸能「車人形」やコンサートなど、さまざまな催しが楽しめる。薬王院では大規模な野点も体験できる。
㊐高尾山若葉まつり実行委員会
☎042-661-4151（高尾登山電鉄）

4月

5月

夏 6月

**4月1日**

## 高尾山滝びらき

高尾山の琵琶滝・蛇滝で水行の始まりが告げられる。修験者のみならず、一般御信徒や初心者も滝修行が体験でき、入滝の作法指導が行われる。滝じまいは10月31日。
㊐高尾山薬王院
琵琶滝 ☎042-667-9982
蛇滝 ☎042-665-7313

**4月初旬～5月下旬**

## 春 高尾・陣馬 スタンプハイク

京王電鉄による、スタンプを集めながらハイキングを楽しむイベント。高尾山山麓～陣馬山山麓の各ポイントで集めて応募すると、プレゼントが当たるかも。スタンプシートは京王線・井の頭線各駅で。
㊐京王お客さまセンター
☎042-357-6161

**毎月**

## 高尾山探鳥会 バードウォッチング

日本野鳥の会東京が主催する、高尾山の野鳥観察会が行われている。毎月第四日曜に、京王線の高尾山口駅前に8:15集合。参加費200円（18歳未満無料）。昼食、雨具は持参のこと。解散は昼食後、頂上付近で。㊐日本野鳥の会東京
☎03-5273-5141

10月17日

## 秋季大祭《しゅうきたいさい》

4月の春季大祭と同じく、十一丁目茶屋～薬王院までを、白装束の山伏や着飾った稚児、鼓笛隊などがパレード。総勢何百人もの行列が練り歩き壮観。さらに本堂では護摩焚きが行われる。
㊐髙尾山薬王院 ☎042-661-1115

10月下旬～6月上旬

## 高尾山 展望レストラン

夏季限定のビアマウント終了後、秋～春のクラフトグリルを使った「BBQマウント」、天狗ドッグや八王子ラーメン、ピザなどを楽しめるフードコートを営業。

6月中旬～10月中旬

## 高尾山ビアマウント

ケーブルカー高尾山駅の上にある展望レストランで、食べ放題・飲み放題のビュッフェが楽しめる。和食・洋食・中華料理、B級グルメ、スイーツなど常時30種以上がズラリ。営業時間は13:00～20:00。男性3,900円、女性3,700円（シニア・中学生・小学生・幼児料金あり）。荒天時休業あり。㊐高尾山展望レストラン☎042-665-8010

秋

9月　8月　7月

10月中旬～12月中旬

## 秋 高尾・陣馬 スタンプハイク

春にも行われている京王電鉄によるスタンプハイク。高尾山～陣馬山の見事な紅葉の中を歩き、各ポイントでスタンプをGET。集めて応募しプレゼントを当てよう。
スタンプシートは京王線・井の頭線各駅で。
㊐京王お客さまセンター
☎042-357-6161

8月第三土・日曜

## 氷川神社《ひかわじんじゃ》の獅子舞《ししまい》

実りの秋を迎えるにあたり、8月第三日曜に五穀豊穣を祈願して、氷川神社（京王線高尾山口駅から徒歩約5分）に八王子市の無形民俗文化財「獅子舞」が奉納される。その前日の土曜は、熊野神社（JR高尾駅から徒歩約10分）で行われる。

夏の出合い

## ムササビ

高尾山を代表する動物ムササビ。ビアマウント営業日はケーブルカー終発が21:00過ぎにのびるので、夜行性のムササビ観察にいい季節。薬王院境内の杉の大木辺りが名所。高尾ビジターセンターの自然教室「ムササビウォッチング」も開催されている。
㊐高尾ビジターセンター
☎042-664-7872

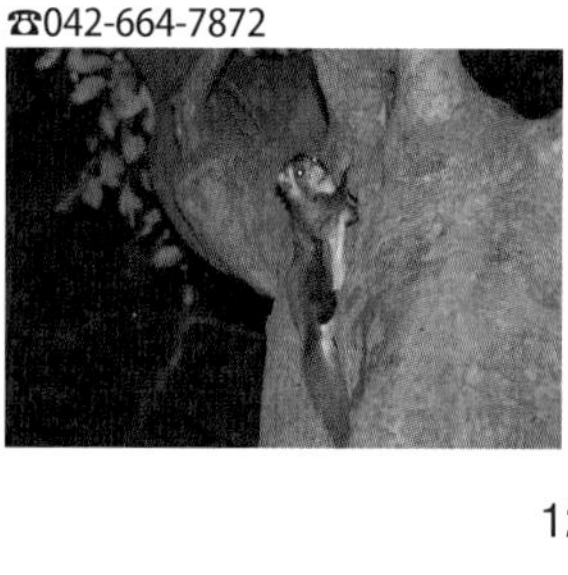

12月冬至のころ数日

## ダイヤモンド富士

富士山頂に沈む夕陽がダイヤモンドのように輝く光景が、高尾山の山頂で鑑賞できる。ベストは例年12月20〜24日の16:00頃。足もとが暗いので懐中電灯を必携。参観期間、ケーブルカーは18:00まで運転。
㊐高尾ビジターセンター ☎042-664-7872

11月1日〜30日

## 高尾山もみじまつり

11月の土日祝日を中心に、紅葉狩りをしながら数々の催しを楽しめる。例年、ケーブルカー清滝駅前では伝統芸能やコンサート。霞台の十一丁目茶屋前では「マス酒」販売や、「東京こけし」の実演販売もあり。紅葉の見頃は例年11月中旬〜下旬。㊐八王子観光協会 ☎042-643-3115

冬

12月　11月　10月

冬の出合い

## シモバシラ

12月中旬〜1月中旬の氷点下の朝、シソ科の多年草「シモバシラ」が変身。枯れ茎から氷が張り出し、霜柱のような氷の造形を作る。もみじ台の北側周辺、山頂から一丁平方面で多く見られる。
㊐高尾ビジターセンター
☎042-664-7872

11月下旬〜12月下旬

## クリスマスイルミネーション

「夕やけ小やけ ふれあいの里」では8万個の電飾が灯り、ロマンチック＆幻想的な世界を散策できる。期間中は定期的にクリスマスコンサートも開催されている。
㊐夕やけ小やけ ふれあいの里
☎042-652-3072

10月下旬

## 高尾山<br>森林マラソン

例年10月下旬の日曜に、北高尾の主に国有林を舞台に「森林マラソン」が行われる。未舗装の林道を中心に走り、距離は8km・15km（キッズランもあり）。同時に「トレッキング」「ノルディックウォーキング」「森林観察」なども開催されている。参加料の一部は「緑の募金」への寄付や、高尾の森林環境整備に活用される。

㊐高尾山森林マラソン実行委員会事務局 ☎080-4472-1739

# 高尾山の主な植物・動物カレンダー

高尾山に生育する植物は1500種以上、高尾山で記録された野鳥は100種以上。昆虫にいたっては4000～5000種ともいわれる。四季の変化に富んだ森に暮らす植物・動物との出合いも高尾山の魅力のひとつだ。

アオイスミレ
3月中旬

アズマイチゲ
3月中旬～4月中旬

ハナネコノメ
3月中旬～4月中旬

ヤマルリソウ
3月～5月

ウメ
2月下旬～4月上旬

シモバシラの霜柱
12月中旬～1月中旬

春

3月　2月　1月

ツグミ
11月～3月（冬鳥）

ジョウビタキ
11月～3月（冬鳥）

ルリビタキ
11月～3月（冬鳥）

メジロ　通年（留鳥）

エナガ　通年（留鳥）

ヤマガラ　通年（留鳥）

ヒヨドリ　通年（留鳥）

※主に高尾山で見られるものを掲載。P116～の「高尾山の自然図鑑」でも紹介。
※1年中を通して同じ地域で暮らす鳥を「留鳥」、南方から春に来て秋に戻る鳥を「夏鳥」、秋に北方から渡って春に帰る鳥を「冬鳥」と呼ぶ。

ヨゴレネコノメ
3月下旬～4月下旬

シャガ
4月上旬～5月中旬

ミツバツツジ
4月中旬～5月中旬

ホタルブクロ
6月中旬～7月中旬

ヤマザクラ
4月中旬

タカオスミレ
4月上旬～4月中旬

ニリンソウ
4月中旬～4月下旬

セッコク
5月下旬～6月上旬

夏

6月　5月　4月

ナガサキアゲハ
4月～10月

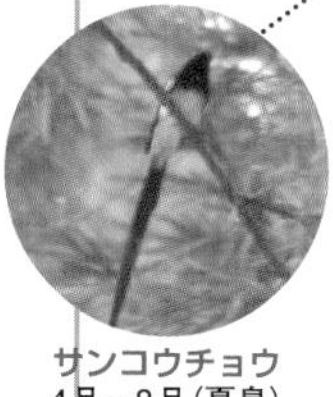

サンコウチョウ
4月～8月（夏鳥）

オオルリ　4月～8月（夏鳥）

キビタキ
4月～8月（夏鳥）

アサギマダラ　5月～10月

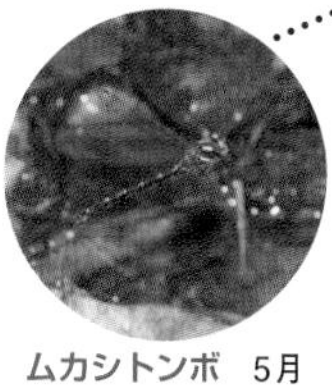

ムカシトンボ　5月

ウスバシロチョウ
4月中旬～5月下旬

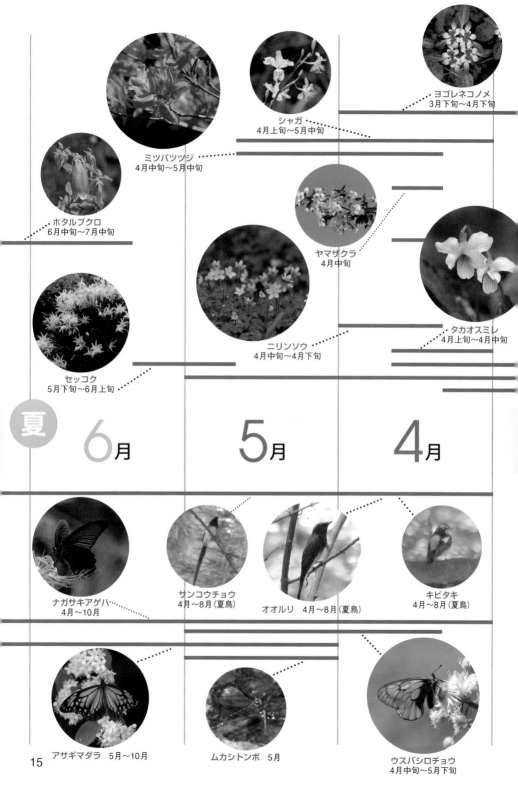

ノハラアザミ
9月上旬～10月上旬

イヌショウマ
8月下旬～9月下旬

ヤブラン
7月中旬～7月下旬

ヤマユリ
7月中旬～7月下旬

ヒガンバナ　9月

ヤマホトトギス
8月上旬～9月下旬

イワタバコ
7月中旬～8月中旬

オカトラノオ
6月下旬～7月下旬

9月　秋　8月　7月

ルリボシカミキリ
7月～9月

ラミーカミキリ　5月～8月

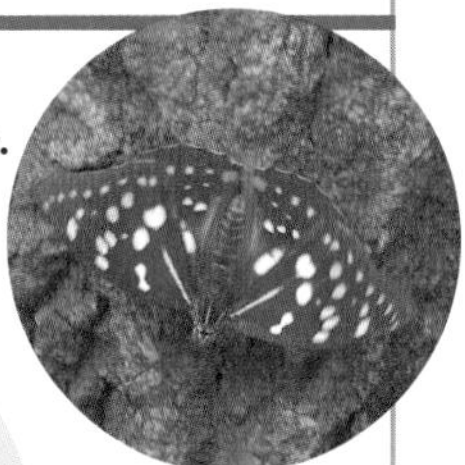
オオムラサキ
7月～8月

カケス
通年（留鳥）

ガビチョウ
通年（留鳥）

シジュウカラ
通年（留鳥）

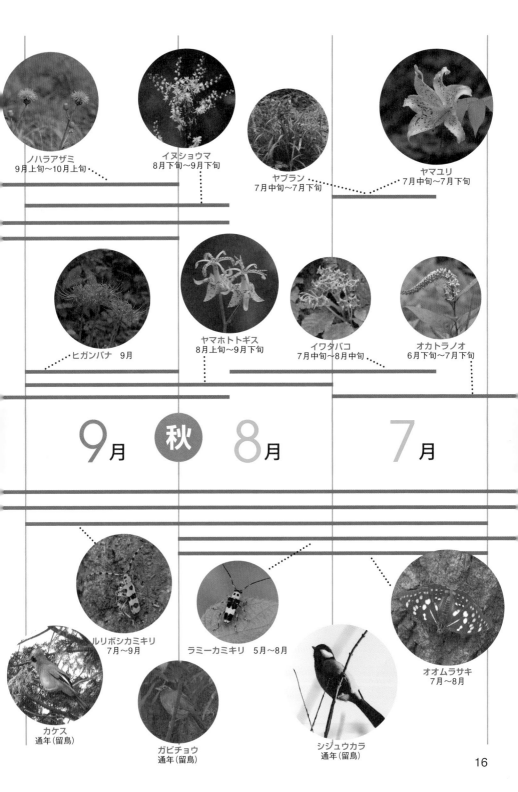

イロハモミジの紅葉
11月上旬～12月上旬

リュウノウギク
10月中旬～11月下旬

センブリ
10月

アキノキリンソウ
8月下旬～10月下旬

キジョランの実
11月中旬～1月下旬

ツリフネソウ
9月～10月

# 冬 12月 11月 10月

アトリ
11月～3月（冬鳥）

ゴジュウカラ
11月～3月（冬鳥）

カシラダカ
11月～3月（冬鳥）

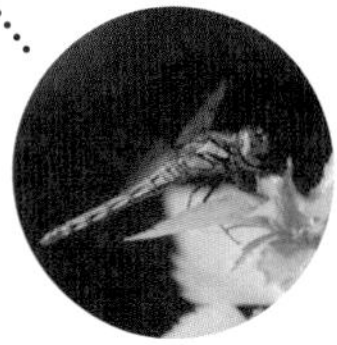
アキアカネ
6月～11月中旬

ツマグロヒョウモン
6月～10月

ムササビ
通年

コゲラ
通年

# おすすめの 楽しい！おいしい！高尾山の魅力がギュッ 王道コースへGO!!

高尾山はバラエティあふれるコースを、自由自在に組み合わせてOK。「登り1号路→薬王院にお参り→山頂でお昼→もみじ台にお散歩→下り4号路→吊り橋を渡り→ビアマウント」という厳選コースを紹介。

高尾山口駅から出発。隣接の観光案内所で情報をGETするとお得!?

START

山麓駅からリフトに乗ろう。ケーブルカー清滝駅と同じ駅舎だ

山麓駅

START

- 高尾山口駅
- 約5分
- 山麓駅
- リフト 約12分
- 山上駅
- 約10分
- 霞台
- 約10分
- 男坂・女坂
- 約10分
- 高尾山薬王院
- 約20分
- 高尾山頂
- 約10分
- もみじ台
- 約10分
- 高尾山頂
- 約40分
- みやま橋(吊り橋)
- 約15分
- 浄心門
- 約12分
- 霞台(ビアマウント)
- 約2分
- 高尾山駅
- ケーブルカー 約5分
- 清滝駅

GOAL

リフト

## 季節を感じながらの空中散歩が楽しい

ケーブルカーもいいけれど、2人乗りリフトに乗ると自然がグッと身近に感じられる。約12分で山上駅に到着。

## 山上駅で降りるとすぐビューポイントが

リフトを降りると、すでに海抜462m。山上駅のすぐ脇の展望スポットで「スカイツリーが見える！」と歓声が上がる。

都心や関東平野を望める。夜景スポットとしても人気だ

山上駅

## 高尾山名物の焼きたて天狗焼をパクッ

ケーブルカー高尾山駅がある霞台には、茶屋や売店が並ぶ。「高尾山スミカ」で黒豆あん入りの「天狗焼」を頬張ろう。

舗装されて歩きやすい1号路を進む。森林浴しながら気持ちよく歩ける

立ち寄り

## たこ杉&ひっぱり蛸で開運を祈願しよう

根がたこの足のように絡まった「たこ杉」を見物。その横にある「開運ひっぱり蛸」の頭をなでて運を呼び込もう。

## ちょっと寄り道しておさるさんに癒される

１号路沿いの「さる園」では、おさるの〝ジャンプ〟が見られるかも。同園の「野草園」では花を間近で撮影できる。

浄心門に到着。記念撮影をしたら、ここから参道を進んで行こう

十一丁目茶屋でゆっくりおみやげ選び。その先の浄心門は絶好の撮影ポイント

浄心門をくぐり、赤い燈籠が並ぶ表参道を行く

## 男坂を行くか女坂か…ここで運命の選択

浄心門の先で二股に分かれる。右へ行くとゆるやかな女坂。ここは左へ進んで、108段の男坂にチャレンジ。

願叶輪潜《ねがいかなうわくぐり》にチャレンジ。石の輪をくぐり大錫杖《だいしゃくじょう》を鳴らそう

山伏姿の大天狗像、小天狗像とパシャっと記念撮影

ご利益いっぱいのお守りやラッキーアイテムを探しながら、境内を散策

大本坊の奥にある福徳弁財天。洞窟の中に福徳弁財天が安置されている

## 薬王院に到着! 魅惑スポットを探検

表参道を進み、四天王門をくぐって境内へ。元気をもらえるパワースポットを巡りながら進もう。

薬王院の山門である四天王門。多聞天・広目天・増長天・持国天の風格ある像に胸キュン

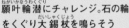

## 高尾山薬王院

境内には寺院、神社が点在。お参りもそれぞれの礼を尽くして

大師堂の八十八大師を巡拝すると、四国霊場巡りと同じご利益が得られる

カラフルで華やかな飯縄権現堂《いづなごんげんどう》は、イチ押しの撮影ポイント

### やったー!
### 高尾山に登頂成功

薬王院の奥之院を過ぎたら、階段やウッドデッキ状の道、さらに山道をぐんぐん登ろう。約20分で山頂に到着。

気持ちのいい木漏れ日の中、山頂に向かってもうひとガンバリ。ウッドデッキ状の道を行く

## 高尾山山頂

## おいしい! 山頂の茶屋で名物をいただきま〜す

山頂の「やまびこ茶屋」のテラス席で、名物の「特製山菜とろろそば」とコシヒカリの「カレーライス」でお昼ご飯。

秋には紅葉がきれいなもみじ台。茶屋でホッとひと休み

山頂周辺を森林浴しながら散策するのが楽しい。少し足をのばして、もみじ台へ

4号路

にぎわう山頂からの眺めもいいけど、散策しながら静かなビューポイントを見つけてヤッホー

北斜面の4号路は細い山道。足元に注意しながら進もう

下山は4号路をチョイス。木の階段をグングン下っていこう

## 森の中で出逢う吊り橋にドキドキワクワク

下っていくと緑の間に「みやま橋」が見えてくる。ここは絶好の写真ポイント。

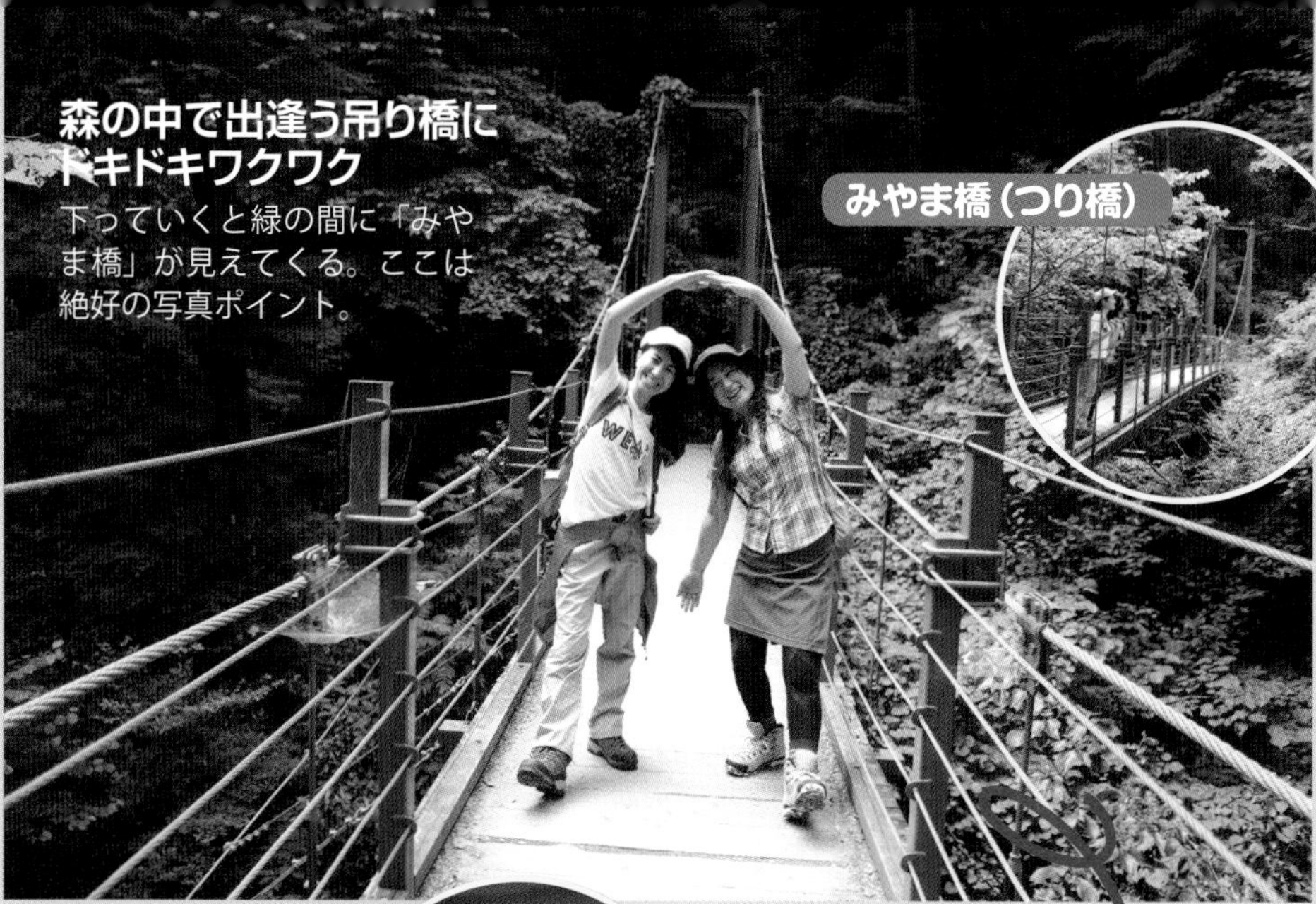

みやま橋（つり橋）

霞台からの夜景は絶景。特にビアマウント2階からは、関東平野が光のじゅうたんのように見え、東京スカイツリーが見える日もある

浄心門

4号路の終点は浄心門。「着いたー！」と思わずガッツポーズ。ここで1号路と合流する

霞台（ビアマウント）

## 高尾山の登頂記念にビールで乾杯!

霞台の展望レストランでは、初夏～初秋にかけて「高尾山ビアマウント」を開催。飲み放題・食べ放題バイキングを楽しもう。

高尾山駅

清滝駅

GOAL

高尾山駅からケーブルカーで下ろう。麓の清滝駅に着いたらゴール

PART 1

# 高尾山ハイキングコースガイド

高尾山の７つの自然研究路や、裏から登る北高尾、景信山や陣馬山の奥高尾までエリアごとに大紹介。

高尾山の山頂へ続く自然研究路は、１号路・６号路・稲荷山コース。４号路で吊り橋を渡り、いろはの森コースは古歌を楽しみながら登ろう。登山に慣れたら、少し足をのばして小仏城山・景信山・陣馬山へＧＯ！

〈高尾山エリア〉


〈北高尾エリア〉


〈南高尾エリア〉

高尾山
TAKAOSAN

# 高尾山自然研究路 1号路（表参道コース）

## 薬王院に参拝し、高尾山のメインルートを進み山頂へ

●たかおさんしぜんけんきゅうろ　いちごうろ

### ケーブルカーで上がるか下から登るか自由自在

高尾山には7つの自然研究路があり、1号路は山頂へ向かうメインルートだ。さらに、中腹に鎮座する高尾山薬王院への表参道でもある。

▲1号路の出発点となる表参道入口

ケーブルカーやリフトを利用すると霞台まで一気に上がれるが、ここでは山麓から登っていくルートを紹介しよう。

高尾山ケーブルカー清滝駅の駅前広場の右手前が、スタート地点の❶**表参道入口**。その右横には薬王院別院の「不動院」が建っている。さらにここは、大阪の箕面まで続く「東海自然歩道」の東の起点となっている。

まず、なだらかな石畳の参道を沢沿いに登っていく。勾配が増すにつれて杉の巨木が現れ、ところどころにベンチが置かれている。高尾ビジターセンターによる解説板も設置され、高尾山で見られる植物や動物につい

**COURSE DATA** ……………………………… 高尾山自然研究路 1号路

ほぼ舗装されており、初心者でも登りやすいコース。表参道入口から石畳の参道を行き、霞台までジグザグの道を行く。薬王院へは男坂と女坂のどちらを通ってもいい。薬王院境内の石段を上ると、整備された道が山頂まで続く。

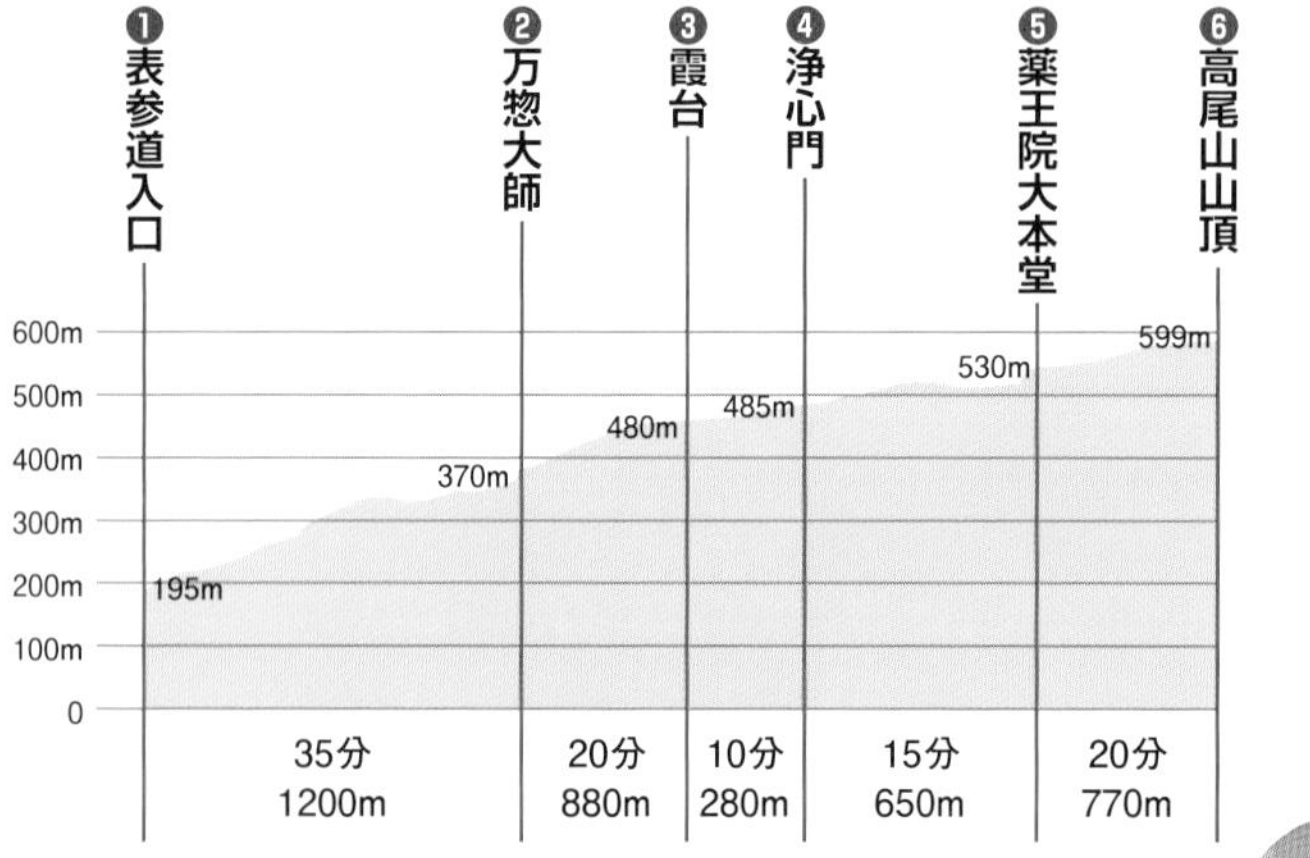


| 歩行時間 | 歩行距離 | 最大標高差 | 体力度 |
|---|---|---|---|
| 1時間40分 | 約3.8km | 約404m | ★★☆ |

▲高尾山の安全を見守る地蔵尊や、石碑が並ぶ「万惣大師」

▲表参道入口に建つ薬王院別院「不動院」。体験修行の基地となっている

▲樹齢を重ねた杉の巨木が並び、ベンチが置かれた静かな表参道を行く

て学べるようになっている。

左手に布流滝《ふるたき》の堰堤《えんてい》が見える広場を過ぎると、道が大きく曲がり、傾斜もきつくなる。道端にある心身を浄化するという「六根清浄石車《ろっこんしょうじょういしぐるま》」を回しながら、つづら折りの道を登っていこう。

途中、折り返し点にある道標に従い山道に入ると、「金比羅台園地」に立ち寄ることができる。金比羅社やベンチがあり、休憩にはもってこいの場所だ。何よりも関東平野を見渡せる展望が素晴らしい。

舗装された参道を行っても、山道を進んでも、どちらも石仏の並んだ❷**万惣大師**《まんそうだいし》へと出る。そこからゆるやかな上りとなり、秋～冬になると八王子城跡方面が見渡せる「城見台《しろみだい》」、リフトの山上駅を経て、ケーブルカーの高尾山駅がある❸**霞台**に着く。

▲ケーブルカー駅やビアマウント、みやげ処などがあり、人々が行き交う「霞台」

コース内で見られる花

### タカオスミレは春から初夏が見頃

高尾の名がついたタカオスミレ、白い花弁をつけたように見えるヤマボウシ、さらにシャガ、ヤブミョウガ、イナモリソウなどに出合えることも。

▲可憐な白い花のタカオスミレ(上)とヤマボウシ

# 風情ある浄心門をくぐり 男坂か女坂かを選択

❸**霞台**はケーブルカーやリフトを利用した観光客と合流し、平日でもにぎやかだ。みやげ物屋や茶屋があり、「天狗焼」や「三福だんご」が人気だ。

夏期にビアガーデンが開かれる「ビアマウント」を過ぎるとベンチが並んだ展望台があり、関東方面を見渡せる。

平坦な舗装道を「十一丁目茶屋」「さる園・野草園」「たこ杉」を眺めながら進むと、やがて大きな門が見えてくる。髙尾山薬王院の入口である❹**浄心門**だ。

▲樹齢約450年の「たこ杉」。隣の「開運ひっぱり蛸」の頭をなでて運を引き寄せよう

▲天平16（744）年創建の髙尾山薬王院への入口である「浄心門」

聖域と俗界とを隔てるという門をくぐると、すぐ左に建つのが「神変堂《しんぺんどう》」。修験道の祖といわれる役行者が祀られている。

そこから朱色の灯籠が並ぶ参道を進むと、まもなく道は二股に。左は108段の階段を上がる「男坂」、右はゆるやかな坂道の「女坂」。どちらに進んでも「権現茶屋」で合流する。

男坂では途中、右へ入る階段があり、その上の「仏舎利塔《ぶっしゃりとう》」に寄っていくのもいいだろう。

▲人間の煩悩の数といわれる、108段の男坂を越えていこう

## 薬王院の石段を上り お堂を巡って参拝

「権現茶屋」「天狗の腰掛け杉」を過ぎて、しばらく進むと、右手に大きな山門が現れる。多聞天、広目天、増長天、持国天に守られた「四天王門」だ。

門をくぐって境内へ。大天狗像と小天狗像を見ながら右手の階段を上ると、金剛力士像が鎮座する朱色の「仁王門」。

そこをくぐると、古くからの山岳仏教を伝える❺**薬王院大本堂**に着く。参拝したら、大本堂の右手奥に建つ「大師堂」にもお参りしていこう。

山頂へ向かうには、大本堂に戻り、左手奥の急な石段をひと上り。赤い鳥居の先に、薬王院でもひときわ色鮮やかな「飯縄《いづな》権現堂《ごんげんどう》」が現れる。ここは「本社」と呼ばれる神社であり、高尾山修験場の中心となっている。

そこから右手の奥へと進み、「高尾山頂方面」の看板がある階段を上っていく。「奥之院」を過ぎると、やがて山道に出る。

▲重層入母屋造りの山門「四天王門」

▲美しい彫刻が施された「飯縄権現堂」。山の守護神として飯縄大権現を祀っている

▲気持ちのいいウッドデッキのベンチでひと休み

## 広く歩きやすい山道を行けば山頂はすぐ

薬王院の境内を抜けて山道に出るとすぐに、ウッドデッキのような場所に出る。そこを通過し、多少のアップダウンがあるが広く歩きやすい山道を進む。

いろはの森コースと合流し、少し進むと豪華なトイレが現われる。山頂にもトイレはあるが、設備が整っているので利用したい。

ここが4・5号路との分岐で、真っすぐ坂を登ると、あっという間に❻**高尾山山頂**に到着。

広い頂上には茶屋が点在し、高尾ビジターセンターには高尾山の情報が満載だ。奥の大見晴園地からの眺めは最高。関東平野から丹沢山塊、天気がよければ富士山を望むこともできる。

▲山頂は年中混雑するが、シーズン中以外の平日午前はゆったりできる

▲トイレには着替えやオムツ替え用の設備もある

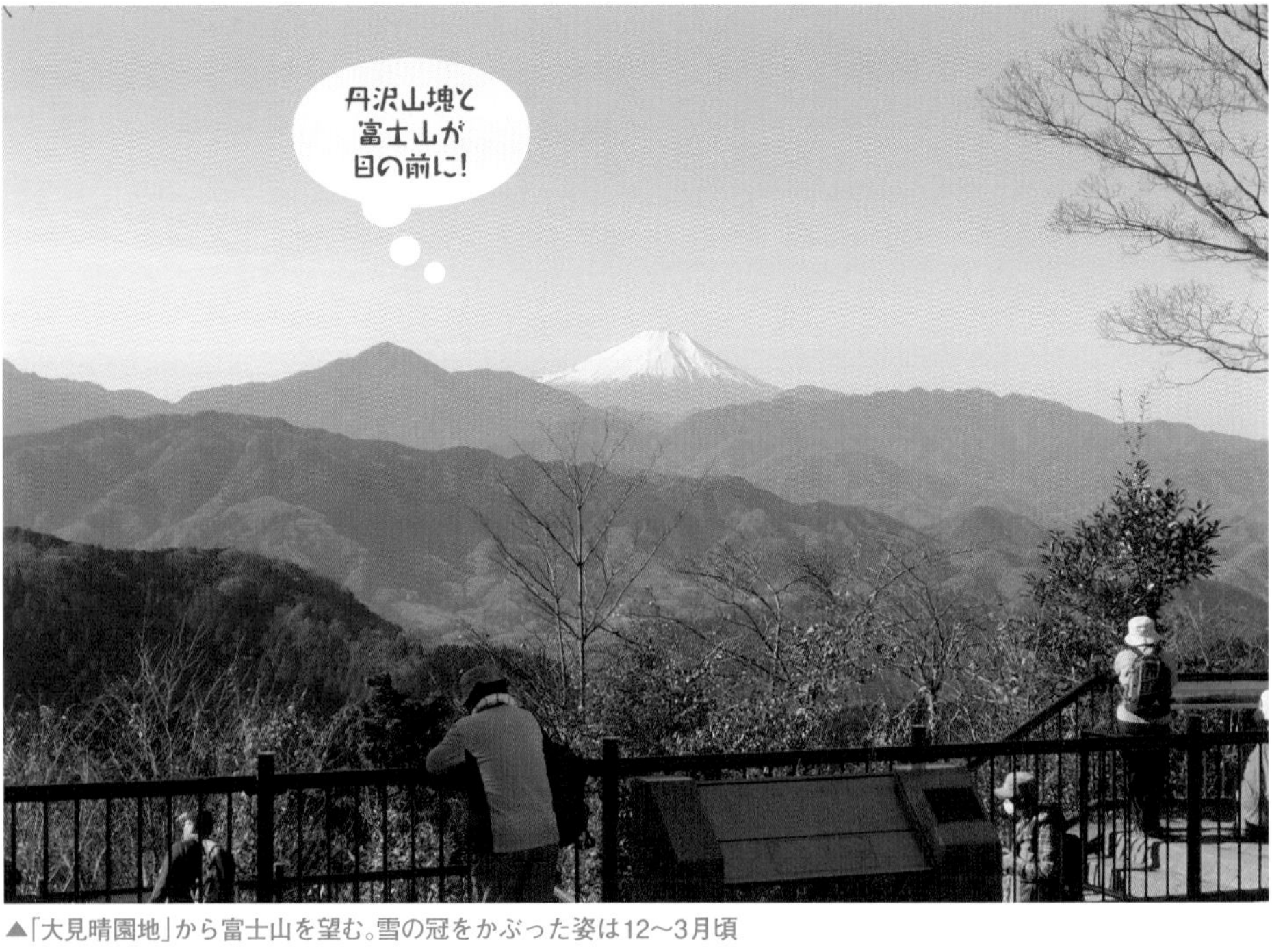


▲「大見晴園地」から富士山を望む。雪の冠をかぶった姿は12〜3月頃

高尾山
TAKAOSAN

# 高尾山自然研究路 2号路（霞台ループコース）

●たかおさんしぜんけんきゅうろ　にごうろ

## 1号路の南北斜面をぐるっと周遊、のんびり自然観察

### にぎわう霞台から離れ静かな森の道を散策

高尾山イチのにぎわいをみせる1号路で、麓からの登山者とケーブルカーやリフト利用者の合流ポイントである「霞台」。その周囲をぐるりと1周するのが、この2号路だ。

1号路を挟んだ南北の斜面を、植生の違う自然を観察しながら30分ほどで気軽に回れる。

❶**霞台**の眺めのいいベンチが並ぶ脇に、「2号路・琵琶滝・高尾山口駅」への標識がある。そこから石段を下っていこう。

▲ベンチのある「霞台」。都心や房総半島、横浜方面が一望できる

▲「霞台」から石段を下り、2号路の南斜面へ向かおう

**COURSE DATA** 高尾山自然研究路 2号路

霞台～琵琶滝分岐～浄心門の南斜面は、標高差100mほど下って登る。北斜面は高低差は少ないが、木の階段が多く滑りやすい。スタートは霞台でも、浄心門でもOK。逆回りも可。琵琶滝分岐から琵琶滝へ行く道は上級者向け。

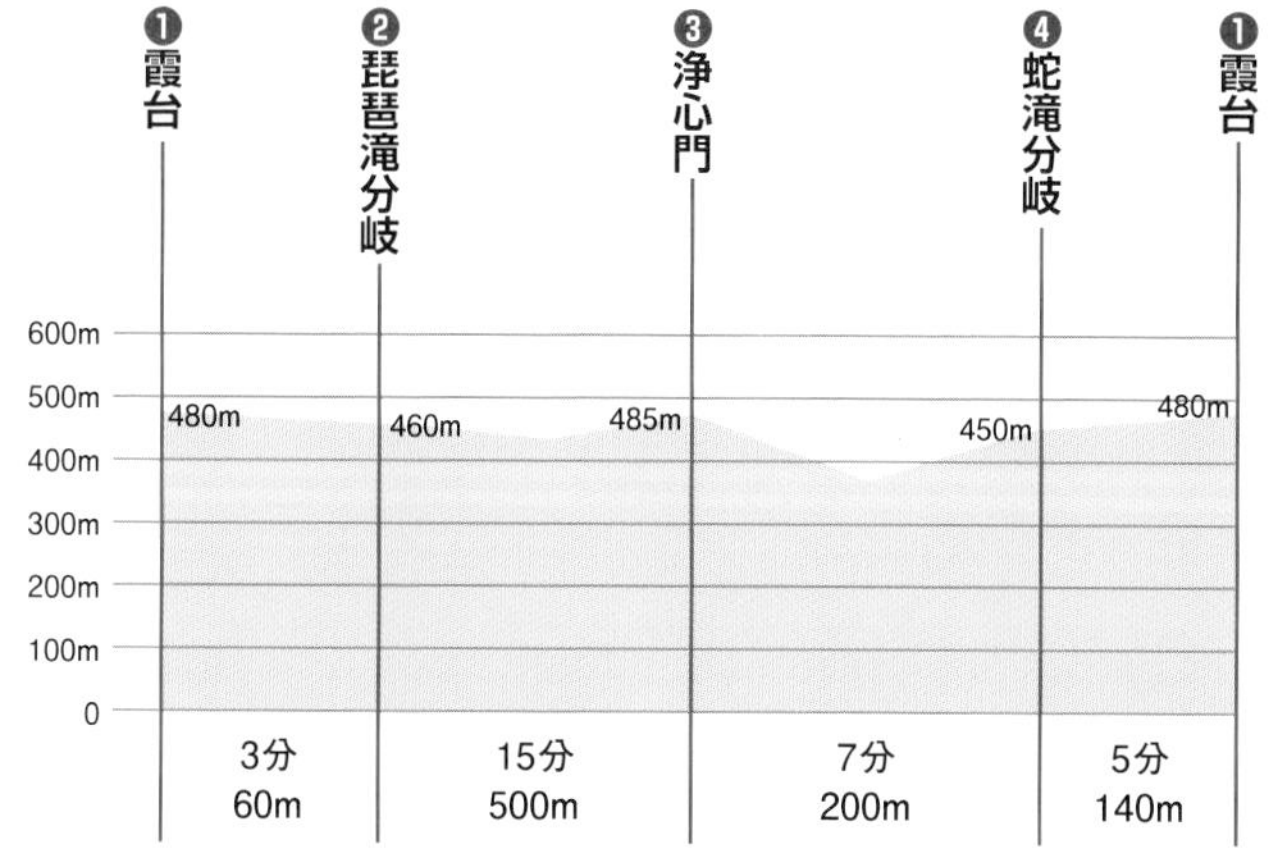


| 歩行時間 | 歩行距離 | 最大標高差 | 体力度 |
| --- | --- | --- | --- |
| 30分 | 約0.9km | 約100m | ★☆☆ |

## 南斜面から浄心門に出て再び静かな北斜面へ

南斜面の山道に入ると、周囲は1号路と違って静かな森の中。グングン下っていき、折り返すとまもなく**❷琵琶滝分岐**。

左の「琵琶滝・高尾山口駅」方面へ進むと、そこは上級者向けの道。装備が充分じゃない人は近づかないほうがいい。

ここは、右へ道なりに2号路を進もう。「高尾山さる園・野草園」の下を回り込むように細い山道が続いている。

▲「琵琶滝分岐」では、右へ道なりに進んでいこう

▲南斜面の木の階段を上り、1・3号路の分岐へ

▲自然情報の解説板が立つ、南斜面の小道

カシ類など温暖な気候の常緑広葉樹林の、やわらかな木漏れ日を浴びながら快適に歩ける。ところどころに高尾山の自然に関する解説板が立っているので、読みながら進もう。

次第にゆるやかな登りとなり、木の階段を上ると1・3号路との分岐に出る。ここは右の「1号路」方面へ。

階段を上り切ると1号路に飛び出し、**❸浄心門**に出る。ちょうど門の裏手に出ることになり、すぐ脇に建つ「神変堂」にお参りして、ひと息入れよう。

▲裏から見ても趣深い「浄心門」に出て、1号路に合流

コース内で見られる花

### 南北の斜面で植生の違う花

明るい南斜面ではヤブランやキジョラン。陽射しの少ない北斜面では、タマアジサイやヤマホトトギスなど。環境の違いによる多彩な花が楽しめる。

▲玉のような蕾から花開くタマアジサイ（上）と細長いヤブラン

▲北斜面への入口は、2枚の看板が目印。その右脇を下っていこう

そこから人々が行き交う1号路を横断する。浄心門のすぐ脇にある階段の上は、林野庁の殉職碑が立つ広場になっているので寄ってみてもいいだろう。

2号路の北斜面へは、標識の「2・4号路・高尾山頂」方面へ。少し下ると、すぐ右手に2号路へ下りる階段がある。

下っていくとイヌブナの大木が現れる。ブナやカエデなど寒冷地にみられる落葉広葉樹林の小道を進みながら、南斜面との樹木の違いを観察しよう。

さらに秋には黄葉の森になり、もみじ狩りで大混雑する1号路とは違う静かな散策が楽しめる。

やがて蛇滝コースと出合う❹**蛇滝分岐**に出る。そこから右の階段状の道をガンバって登っていこう。まもなくスタート地点の❶**霞台**でゴールとなる。

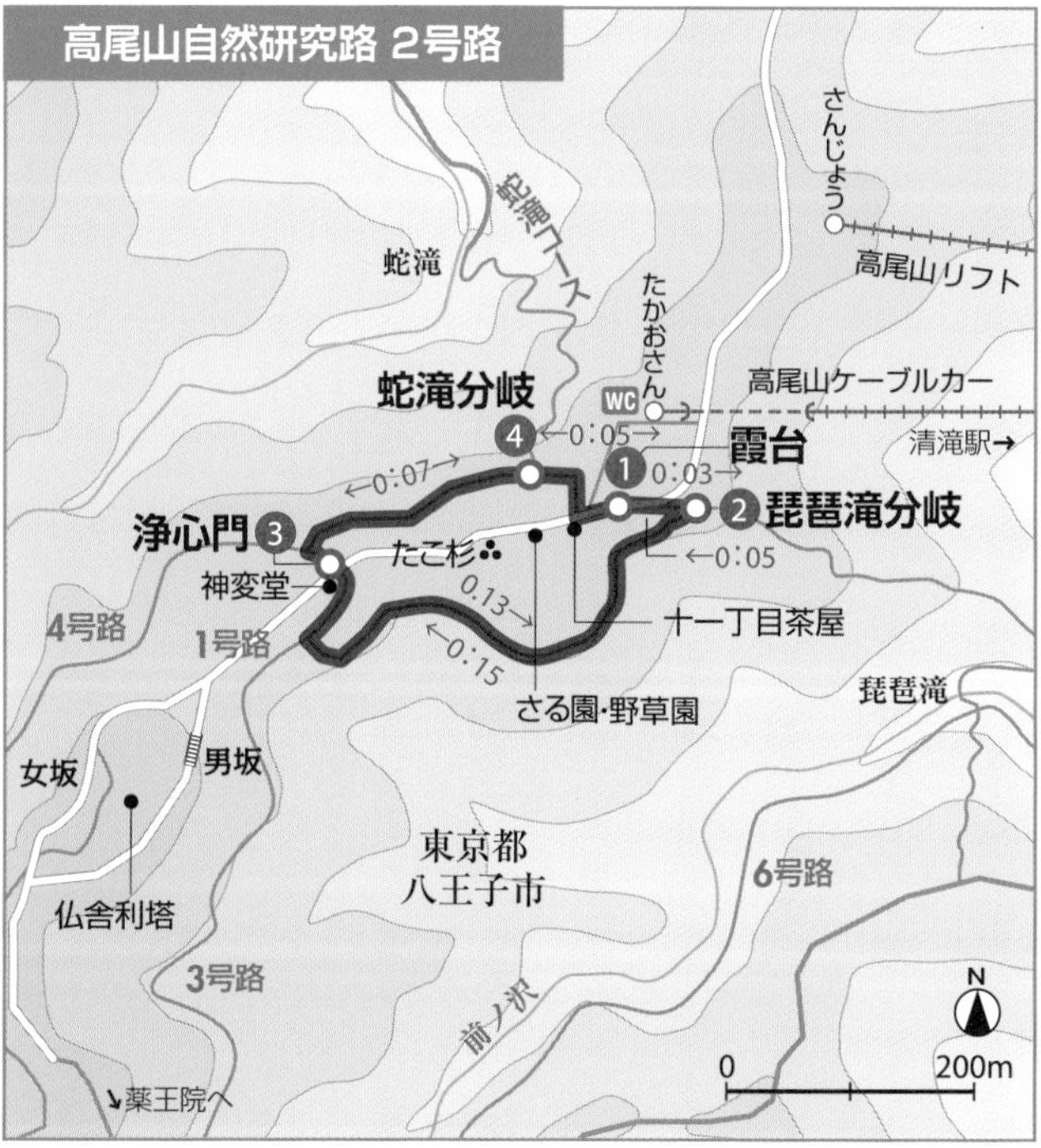

▲蛇滝分岐から右の階段を上ると霞台。左へ下ると蛇滝水行道場へ

▲ゴールは霞台の十一丁目茶屋前。テーブルとベンチで休める

高尾山
TAKAOSAN

# 高尾山自然研究路 3号路（カツラ林コース）

●たかおさんしぜんけんきゅうろ　さんごうろ

## 静かな常緑樹林に包まれた、南向きの山肌をたどる

### 浄心門の朱い燈籠の脇から静寂の山道へ

3号路は、1号路の浄心門で薬王院へ向かう人々と分かれ、静かな南山腹の道をたどり山頂を目指すコースだ。

カシ類などの常緑広葉樹に、モミやアカマツなど針葉樹が混じる森の中を、ほぼ等高線に沿ってゆるやかに登っていくので歩きやすい。

❶**浄心門**をくぐり、すぐ左脇の「3号路を経て高尾山頂」の標識から、木の階段を下っていこう。

▲浄心門そばの「神変堂」の脇から出発

▲子どもや小柄な女性がすっぽり入るほどの、大木の木のほら

## COURSE DATA　高尾山自然研究路 3号路

浄心門～木橋まではほぼ平坦な山道で、いくつかの小さな橋を渡っていく。木橋～かしき谷園地の急な登りがきつく、ここが踏んばりどころ。1号路の混雑を避けたい人におすすめ。下りルートにするのもいい。

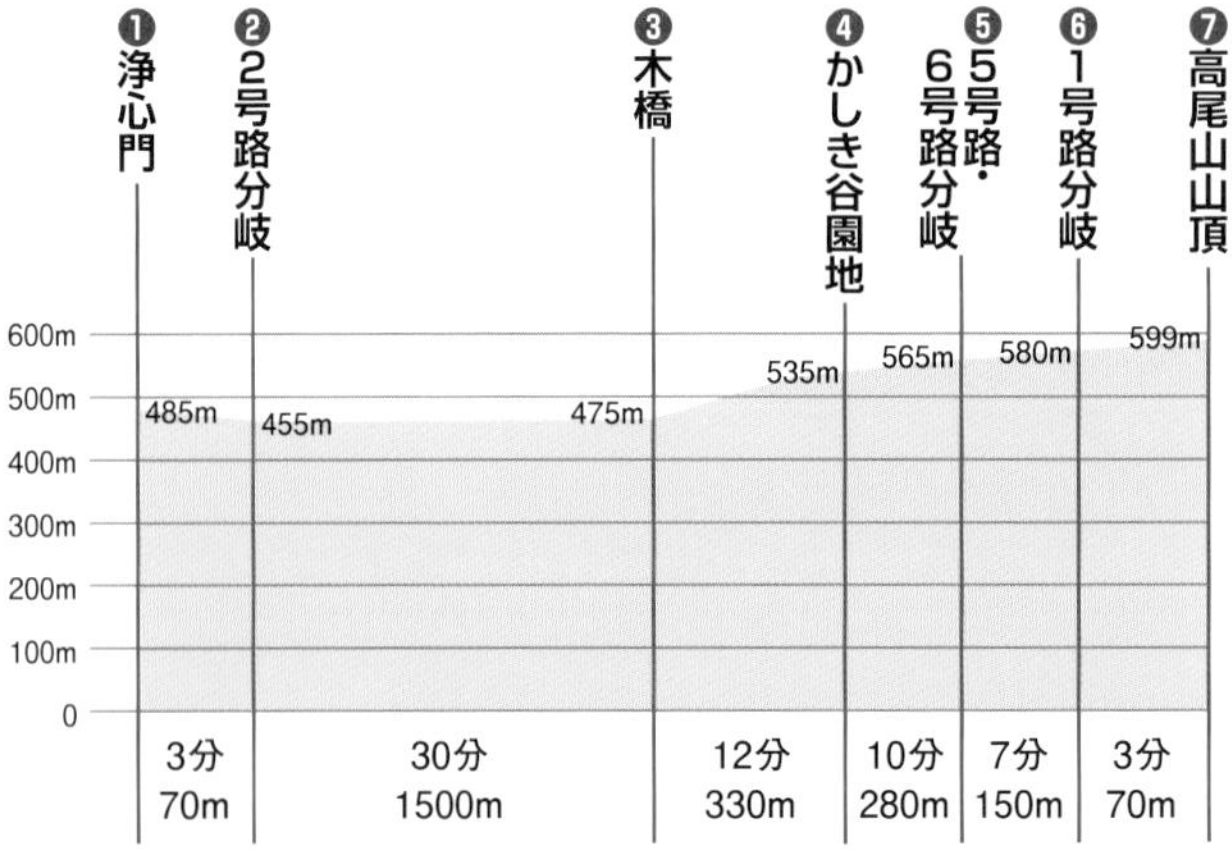


| 歩行時間 | 歩行距離 | 最大標高差 | 体力度 |
|---|---|---|---|
| 1時間5分 | 約2.4km | 約144m | ★☆☆ |

▲常緑樹に覆われた3号路も、晩秋には黄葉が陽をすかし明るい雰囲気に

すぐに❷**2号路分岐**となる。「2号路・琵琶滝」への道を左に分けて真っすぐ進もう。

しばらくは、ほぼ平坦な道を高尾山の自然についての解説板を見ながら快適に歩ける。

ここ南斜面は暖帯系の樹木や草花が多く、北斜面の4号路と植生の違いを観察しながら歩くとおもしろい。

山肌に沿って蛇行しながらゆるやかに登り、いくつかの谷にかかる小さな橋を渡っていく。途中、大きなほらのある大木と出合うので覗いてみよう。

さらに登っていくと視界がやや開け、八王子の街並みが見え隠れする。常緑樹に覆われているが、標高が上がるにつれて木漏れ日が差し込んでくる。

やがて大きく右へ回り込むと、いちばん大きな❸**木橋**が現れる。

▲谷を渡る橋が多い3号路。欄干のある木橋を渡ると急坂に

コース内で見られる花

## 珍しいランや寄生植物に遭遇!?

梅雨時の3号路では、サイハイランやキバナノショウキランなどラン科の花や、寄生植物のキヨスミウツボなど珍しい植物を探して歩こう。

▲独特の形のサイハイラン(上)と、キバナノショウキラン

## 野鳥のさえずりを聞きながら山頂へ

深い谷にかかった木橋を渡ると、すぐに石段の上りとなる。

そこから傾斜がきつくなり、ところどころが階段状になっている尾根道をガンバって登ると、まもなく❹**かしき谷園地**に着く。

木立に囲まれた平坦な場所に、ベンチがあるのでひと休み。春から夏にはオオルリやキビタキ、秋と冬にはルリビタキなど野鳥のさえずりが聞こえることも。

そこから少し登ると、車が通れるほどの広い林道に出る。このあたりには大正末から昭和初期に植林されたカツラ林があり、秋の黄葉のシーズンには甘い香りが漂う。

林道をゆるやかに登っていくと、❺**5号路・6号路分岐**の広場に出る。「5号路（高尾山頂方面）」の道標に従い、舗装された坂道を登っていくと、立派なトイレが建つ❻**1号路分岐**。

左に曲がって坂を上がれば、❼**高尾山山頂**はすぐだ。

▲陽光あふれる秋の「かしき谷園地」

▲広い林道に出たら、カツラ林の中を真っすぐに進もう

▲5号路・6号路との分岐では、迷わないように注意

▲1号路のトイレが見えてくると、山頂はすぐ

高尾山
TAKAOSAN

# 高尾山自然研究路 4号路（吊り橋コース）

●たかおさんしぜんけんきゅうろ　よんごうろ

## 吊り橋と、北斜面の四季折々の彩りが人気のルート

### 浄心門から北側の山腹をゆるやかに下る

スタートは「浄心門」から。そこで1号路と分かれ、高尾山の北斜面を山肌に沿って登り、山頂直下で再び1号路と出合うこのコース。

▲表参道である1号路を離れ北斜面へ

落葉広葉樹の自然林が残り、春の新緑や秋の黄葉が美しい。さらに、高尾山唯一の吊り橋を渡るので、登りにも下りにも大人気のコースだ。

1号路の❶浄心門の脇から右へ、「2・4号路」方面の標識に従って下っていこう。

▲「浄心門」横の上り階段ではなく、看板の右から下っていく

**COURSE DATA**……………………………… 高尾山自然研究路 4号路

浄心門～みやま橋（吊り橋）はゆるやかな下り、その先は急な登りへと一転する。1号路分岐までは何度も現れる、階段状の登りが脚にこたえる。あくまでも山道なので、吊り橋を渡りたいだけの行楽客は引き返したほうがいい。

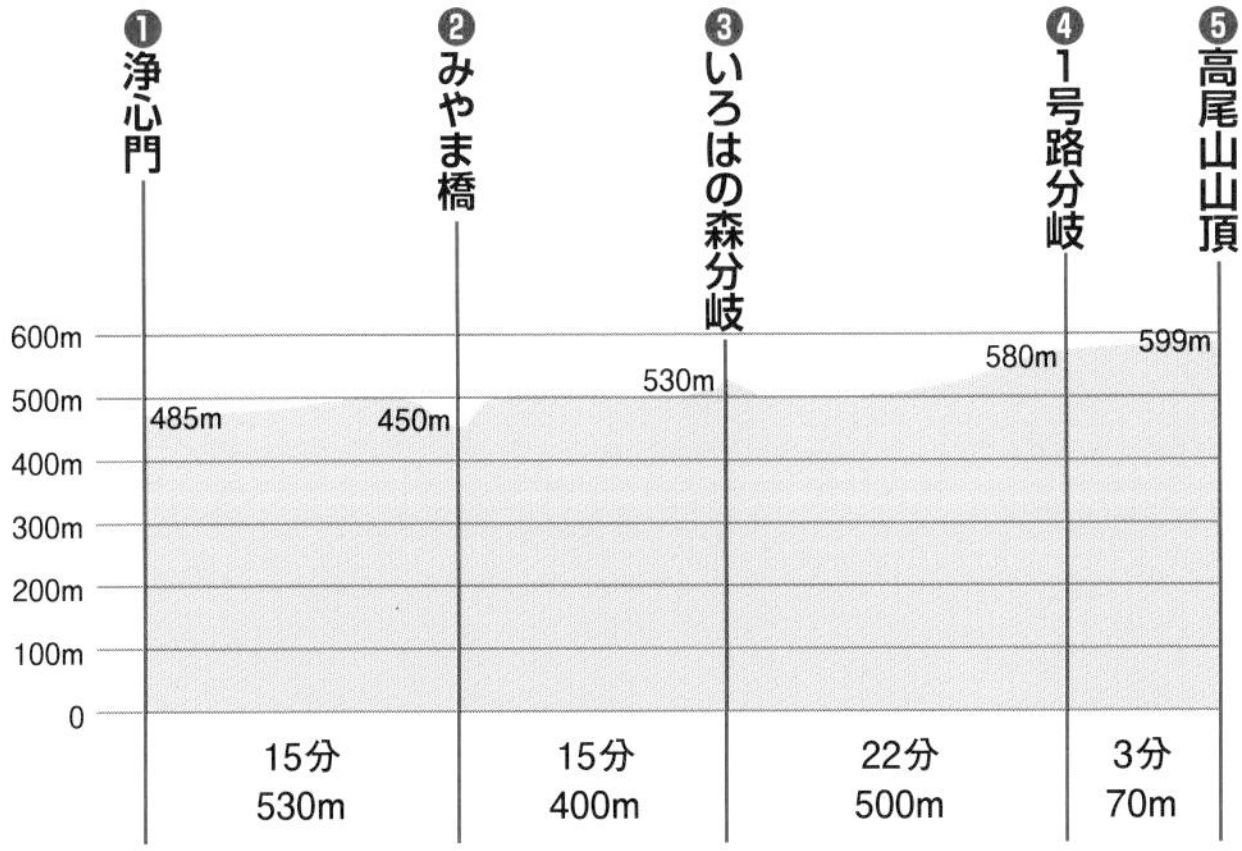


| 歩行時間 | 歩行距離 | 最大標高差 | 体力度 |
|---|---|---|---|
| 55分 | 約1.5km | 約149m | ★☆☆ |

## 森の吊り橋を渡り
## 自然を愛でながら登る

「浄心門」から下ると、すぐに2号路との分岐がある。ここはそのまま真っすぐ進もう。

道は幅広くきれいに整備され、ゆるやかに下っている。軽快な足取りで15分ほど進むと、右前方に谷にかかる吊り橋、❷**みやま橋**が現れる。

橋から見下ろす「行の沢」は思いのほか深く、薬王院の水行道場として滝行が行われる「蛇滝」の水源となっている。

▲吊り橋までは歩きやすいが、その先は山登り。シューズはしっかりしたものを

▲全長36mの「みやま橋」。夏は緑が生い茂るので、写真を撮るなら春や秋がおすすめ

また、このあたりはブナの新緑やカエデの紅葉が美しく、四季折々の変化に富んだ景観を楽しめることで、撮影スポットとしても人気だ。

吊り橋を渡ると一転、上り坂に。次第に傾斜が増し、階段状の道も増えてくる。

モミの巨木が茂る尾根をまわり込むように登ると、開けた場所にベンチがあるのでひと休み。

渡り鳥であるオオルリやキビタキなど、野鳥が高い木々の上から時折澄んだ声を聞かせてくれる。

▲吊り橋の先は急坂になり、階段状の道も現れる

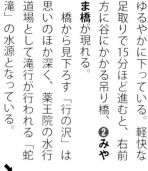

このコースは、運がよければリスやムササビなどの小動物と出合えるかもしれない。

さらに進むと、日影沢から登ってくる「いろはの森コース」と交差する❸**いろはの森分岐**に着く。尾根上にベンチがあり、緑や紅葉の彩りを眺めながらの休憩にぴったりだ。

いろはの森コースはここから尾根上を行くのだが、4号路は右の道に入り北斜面を進もう。

傾斜はだんだんときつくなり、階段状になってくる。「落石注意」の看板もあり、悪天候時は通行止めになることもある。

ひと踏ん張りすると❹**1号路分岐**。豪華なトイレが建っているのでぜひ利用しよう。

そこから舗装された坂道を登ると、ものの3分で❺**高尾山山頂**へ登頂となる。

▲尾根上の「いろはの森分岐」に着くと、南からの陽射しが差し込む

コース内で見られる 花・野鳥

### 花とともに野鳥やリスも

春はヤマウツボ、秋はタカオヒゴダイなどの花を探して。花とともに、キビタキやオオルリなどの渡り鳥や、昼行性のホンドリスに出合えるとラッキー。

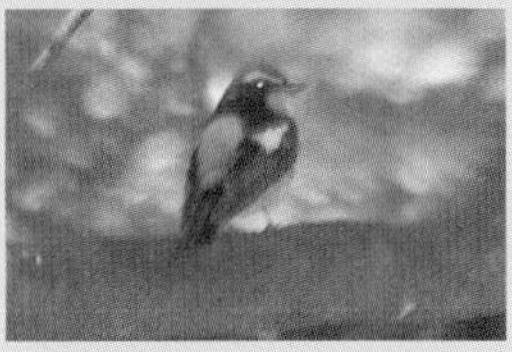

▲高尾の名がついたタカオヒゴダイ（上）と、野鳥のキビタキ

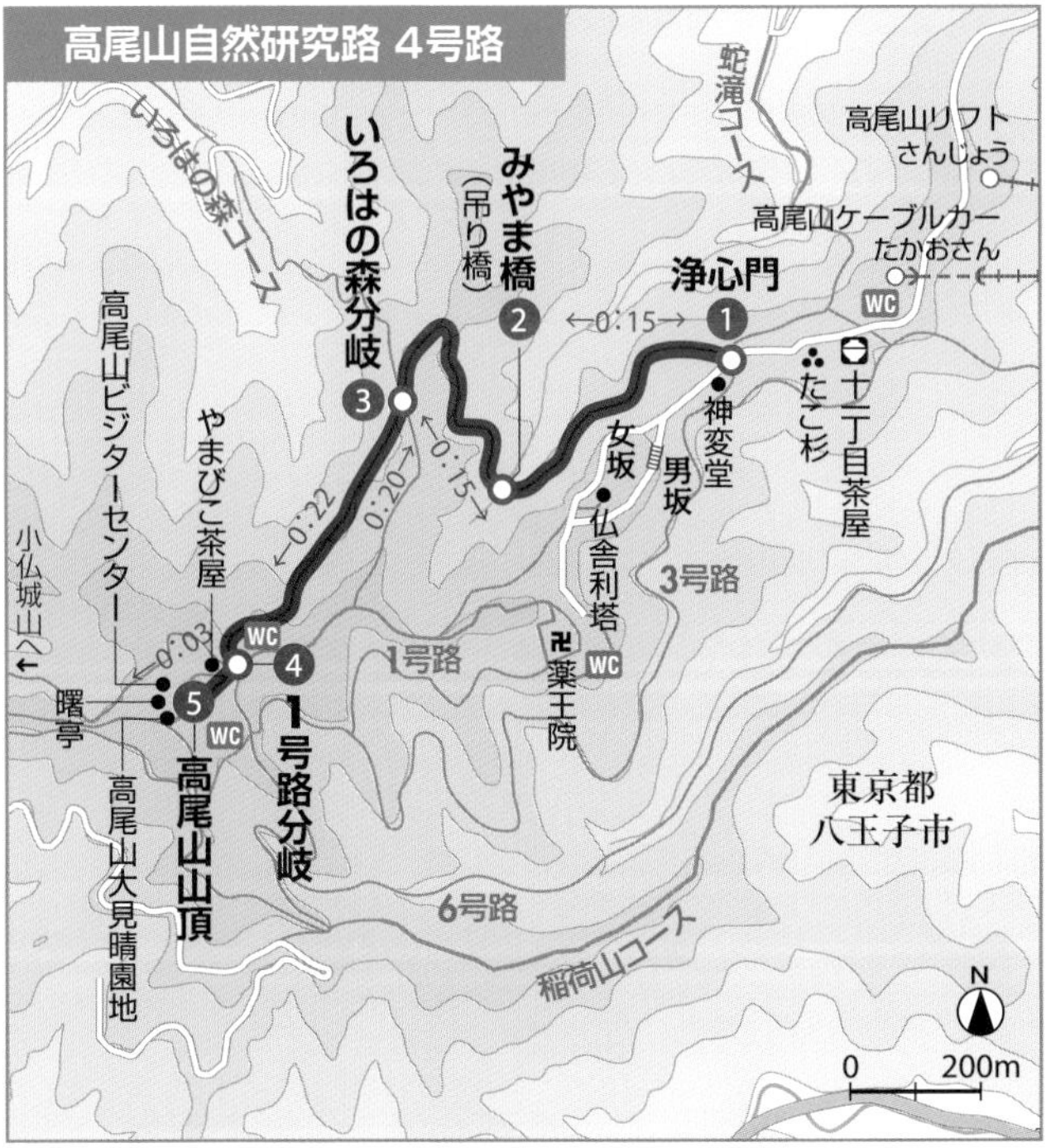

▲最後の階段を登ってたどり着く1号路分岐

▲山頂の高尾ビジターセンターに寄ってみよう

高尾山
TAKAOSAN

# 高尾山自然研究路《たかおさんしぜんけんきゅうろ》 5号路《ごごうろ》（山頂ループコース）

## 山頂直下を一周するコースで、歴史ある江川スギと出合う

### 歩きやすい水平の道を30分かけゆったり周遊

高尾山山頂からわずか下の、標高555〜585mのあたりをぐるり一周するこのコース。

アップダウンが少ない快適な散策ルートで、木立の間からときおり山々が見え、北斜面エリアに踏み込むと江川スギの林が広がっている。

3カ所から山頂への道が通じ、1号路・3号路・4号路・6号路・稲荷山コース・奥高尾縦走路とも連結している。

周回するのでどちらから回ってもいいが、最後に歴史ある江川スギとの出合いを楽しむため、ここでは時計回りに進もう。

▲出発点の高尾山頂下を折り返すように下る

◀3号路・6号路分岐の道標では右へ

## COURSE DATA …… 高尾山自然研究路 5号路

標高差わずか30mという、平坦で整備された山道を1周するループコース。にぎわう山頂のすぐ下を周回するが、静かな散策を楽しめる。3号路や6号路、稲荷山コースなどいくつかの分岐と出合ったら、迷わないように注意。

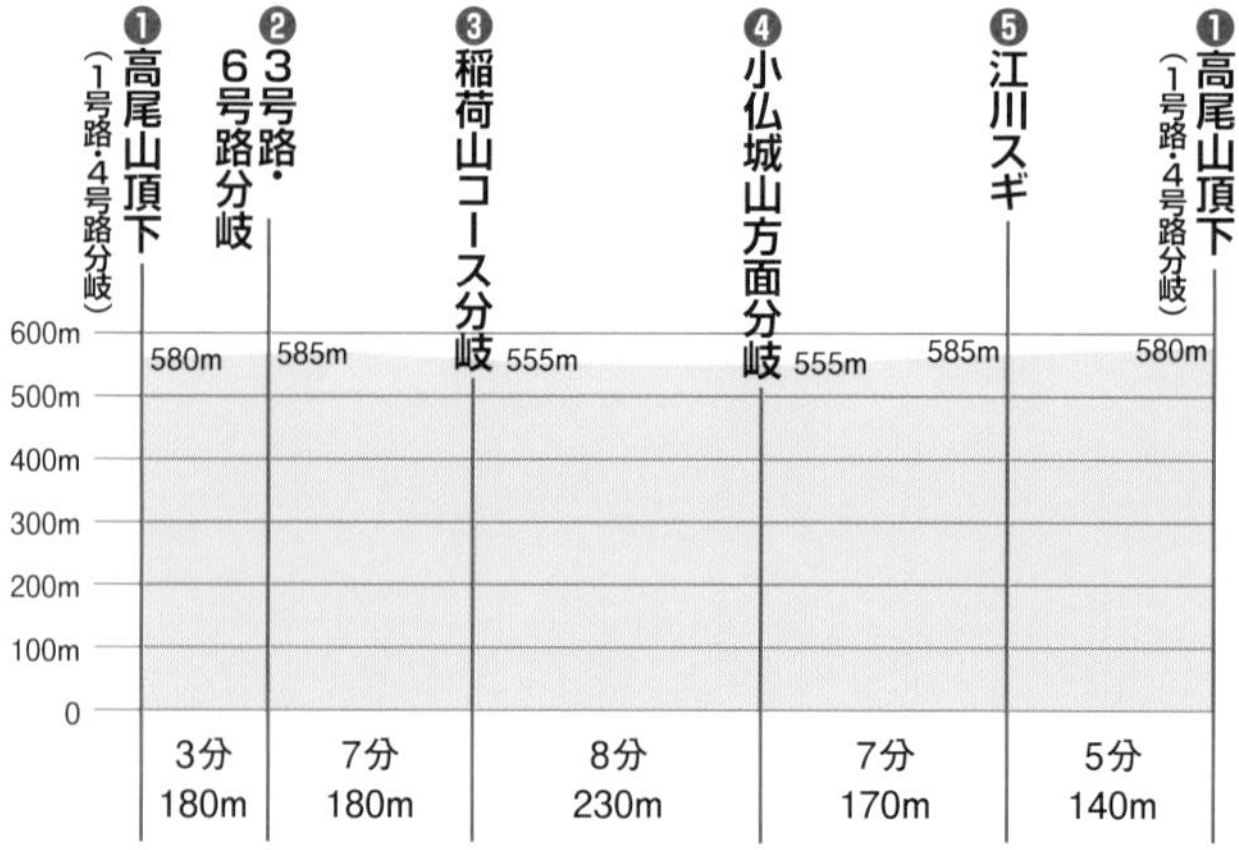


| 歩行時間 | 歩行距離 | 最大標高差 | 体力度 |
| --- | --- | --- | --- |
| 30分 | 約0.9km | 約30m | ★☆☆ |

▲ほぼ平坦で気持ちよく歩ける周遊路。森の木橋を渡っていこう

山頂から1号路の舗装道を下り、豪華なトイレが建っている❶**高尾山頂下（1号路・4号路分岐）**からスタート。

下ってきた道をすぐ右へ折り返し、車も通れる坂道を下っていくと、まもなく❷**3号路・6号路分岐**に出る。

道が交差しているが、木の道標に従って「5号路（稲荷山方面）」へ。下ってきた道をそのまま山沿いに右に折れ、周遊路へと入っていこう。

舗装道から山道へと変わるがとても歩きやすく、緑に包まれ驚くほど山深い雰囲気に。

▲木漏れ日の稲荷山コース分岐。奥にあるデッキ横のベンチでひと休みするのもいい

野鳥と出合えそうな谷で木橋を渡ると、すぐに❸**稲荷山コース分岐**となる。右の階段を上ると、山頂の大見晴園地へ一直線。木製デッキがある左の道は稲荷山コースだ。

コース内で見られる花

## 秋はシモバシラ 冬は氷の霜柱

歩き始めの南へ向かう下り坂ではイチヤクソウ、もうすぐゴールの北斜面では秋にシモバシラの花がみられる。冬の寒い日はシモバシラの茎から、氷の華「霜柱」が。

▲イチヤクソウ(上)と、9〜10月に咲くシモバシラの花

## もみじ台に寄り道し 江川スギの林で昔を偲ぶ

稲荷山コース分岐に立つ道標は少し複雑に見えるが、「5号路をへて、もみじ台・一丁平・小仏城山」方面へ真っすぐに進んでいけばいい。

やがて杉林が現れたら、❹**小仏城山方面分岐**だ。右手は山頂へ向かう石段。5号路はその石段を通りこしてすぐの道を、山沿いに進んでいく。

しかし、この分岐は奥高尾縦走路への出発点でもある。道標の「一丁平・小仏城山」方面へ5分も行けば、紅葉の名所「もみじ台」に着く。1軒だけある茶屋に寄っていくのもいい。

分岐に戻ったら、高尾山の北斜面を巻くように進んでいく。ゆるやかに登っていくと、❺**江川スギ**が生い茂る林と出合う。江戸時代末期に、伊豆韮山《にらやま》の代官だった江川太郎左衛門の命によって植えられたといわれる。

そこからスタートの❶**高尾山頂下**まではすぐだ。

▲小仏城山方面分岐。階段は山頂へ、5号路は左へ

▲もみじ台の茶屋の名物は「とろろそば」と「なめこ汁」。眺めがいいのも自慢

▲高尾山に杉苗奉納され、植林されたと伝わる江川スギ

▲豪華トイレが建つ出発点の高尾山頂下にゴール

高尾山
TAKAOSAN

# 高尾山自然研究路 6号路（びわ滝コース）

●たかおさんしぜんけんきゅうろ　ろくごうろ

## 山登りの醍醐味が凝縮！ 琵琶滝・とび石・清流をたどる道

### 清滝駅から舗装道をウォーミングアップ

多摩川の源流のひとつである「前ノ沢」に沿って、清流のせせらぎを聞きながら山頂に到るこのコース。茶屋は1軒もなく、変化に富んだ自然のままの高尾山を体感できると一番人気だ。

スタートはケーブルカー❶**清滝駅**の左手の道から。車道を進むと、道端に赤い帽子をかぶった石仏群がたたずむ。

その先の東京高尾病院前の❷**妙音橋**で舗装道路と分かれ、左手の林道へ入っていこう。

▲お地蔵さんや不動明王が並ぶ石仏群

▲案内図が立つ妙音橋。ここから林道へ入っていこう

## COURSE DATA …………………… 高尾山自然研究路 6号路

清滝駅～妙音橋は舗装道。そこから初めはゆるやかな林道だが、沢沿いに進むうちに山道となり傾斜も増してくる。木の根が張り出した道や、水に濡れた「とび石」を歩く高尾山で最も滑りやすいコースなので足元はしっかりと。

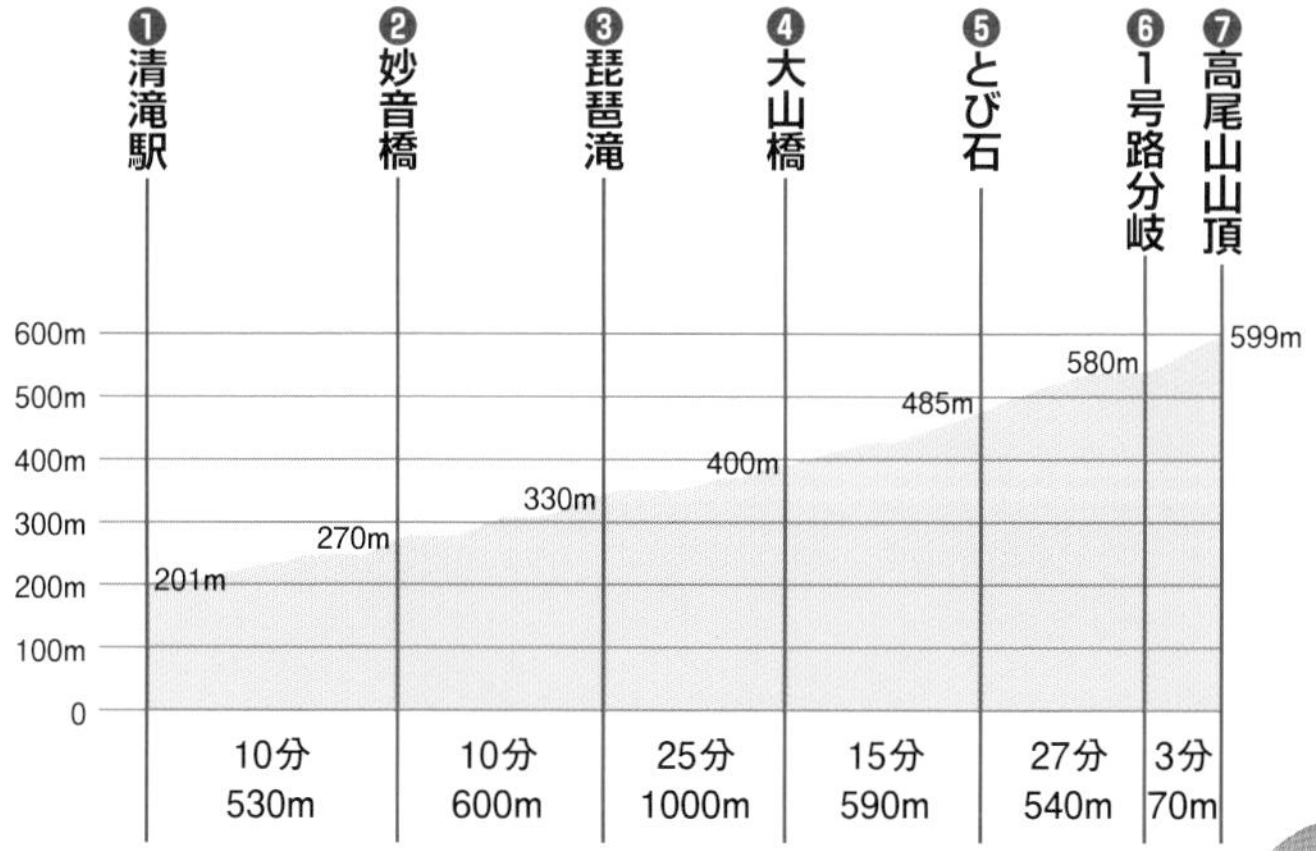


| 歩行時間 | 歩行距離 | 最大標高差 | 体力度 |
|---|---|---|---|
| 1時間30分 | 約3.3km | 約398m | ★★☆ |

## 琵琶滝や清流と出合い水を感じながら歩く

　最初は高い杉木立の中、幅の広い道をゆるやかに登る。沢に沿って進むと、次第に道は細く急になっていく。

　途中、左手の岩壁に小さな祠がある。さらに進むと、沢をはさんだ対岸に弘法大師の伝説が残る「岩屋大師」が現れる。

「雨風にさらされて弱っている病気の母子を救うため、弘法大師が合掌すると岩が崩れ、洞窟ができた」という伝説が残る場所で、2つの洞窟に弘法大師と地蔵尊が祀られている。

▲橋を渡って岩屋大師へ。地域の人がここを守りロウソクの灯がともる

▲修験道の場である琵琶滝。お堂の左奥に滝が流れ落ちる

　そこから進むとやがて二股となり、右へ行くとすぐに❸**琵琶滝**に着く。橋を渡ると、滝に打たれる修行体験ができる「琵琶滝水行道場」がある。滝行のジャマにならないようにして、お堂とその奥の琵琶滝に参拝していこう。

　琵琶滝から二股まで戻り、今度は左の道を進む。傾斜もきつくなり、木の根がむき出しになった道が続く。滑りやすいので注意しながら歩こう。

　高尾山と稲荷山のそれぞれの尾根に挟まれた谷を進むので、

▲苔をまとう巨木、根が這いまわる渓谷の道を行く

シダが生い茂り、大きなモミの木の表面が苔むしている。

渓流沿いの道を歩いている風情を感じながら、道沿いにあるベンチで休憩しよう。

途中、沢に下りて水の感触を楽しめる場所がある。夏はにぎわうが、このあたりは水中昆虫を観察したり、バードウォッチャー憧れの鳥であるサンコウチョウを探す人もいる。静かに清流を楽しみたい。

水辺でリフレッシュしたら出発。「昔、ここは海の底で、砂や泥のたまった海底が盛り上がって現在の高尾山になった」ということを物語る「硯《すずり》岩」を通過すると、やがて❹**大山橋**に着く。橋を渡り、沢の右岸を進んでいこう。次第に狭まっていく沢筋に、夏にはシャガやタマアジサイの花が咲いている。

▲水辺のベンチで休憩。番号付きの解説板をたどっていくのも楽しい

コース内で見られる花

### 6号路の目玉 セッコクを観察

琵琶滝を過ぎたあたりの大きな杉に、5月下旬～6月初旬にセッコクの花が着生することがあるので探してみよう。大山橋の先にはアヤメ科のシャガも見られる。

▲これを目当てに訪れる人も多いセッコク(上)と、シャガ

▲硯や碁石に使われる黒色粘板岩の「硯岩」も見どころ

▲大山橋を渡ると道は悪路に。ここで靴ひもを締め直そう

▲沢に下りて冷たい山の水を体感。水量が増す雨天時は注意

## とび石を伝って沢を遡《さかのぼ》り長い階段を上って山頂へ

大山橋から小さな橋をいくつか越えると、稲荷山コースとの分岐に出る。ここは橋の右手から、「6号路・高尾山頂」の道標に従って沢の中を進む。

道はぬかるみ、雨の日は川のようになっていることもある。前ノ沢の源頭へ近づくあたりで、**❺とび石**を通過する。沢の中を歩くために置かれた石を利用したり、沢の端側を歩いて進む。

沢から上がると長い階段状の登りが続く。やがて3号路・5号路の分岐に出て、直進して舗装道を登れば**❻1号路分岐**。そこから**❼高尾山山頂**へはすぐだ。

▲沢の本流に作られた登山道を行く

▲整備された階段を上がる。一気に高度を稼ぎ山頂へ

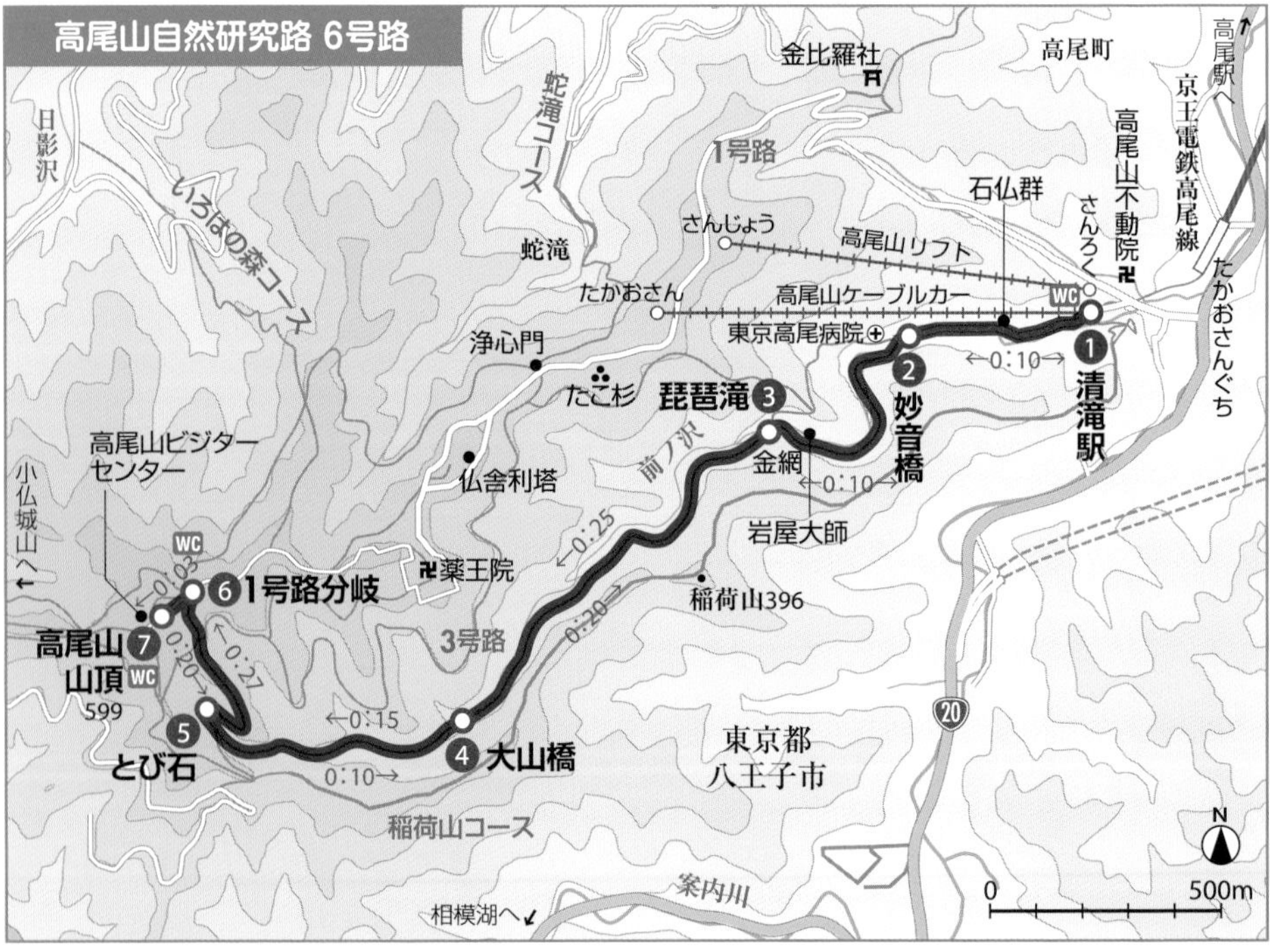

高尾山
TAKAOSAN

# 高尾山自然研究路《たかおさんしぜんけんきゅうろ》 稲荷山コース《いなりやまこーす》（尾根コース）

## 眺望の稲荷山を越え、高尾山頂を目指す尾根歩きコース

### 清滝駅そばの登山口から階段上りがスタート

1号路である高尾山の主尾根の南側にのびる、もうひとつの尾根を歩くこのコース。

高尾山の7本の自然研究路で、最も本格的な登山を体感できると評判だ。茶屋も沢も滝もなく、麓から汗をかきながら登る。長い木の階段も越えて山頂に立つと、「高尾山に登った！」という達成感でいっぱいになる。

出発はケーブルカー❶**清滝駅**のすぐ左手の登山口から。初っ端からきつい階段上りが始まる。

▲橋を渡ると稲荷山コースがスタート

▲段差の異なる歩きにくい階段が続く。あせらずゆっくり登ろう

**COURSE DATA**……………… 高尾山自然研究路 稲荷山コース

登山口から階段が続き、尾根に上がるまでは急な登りで体力を使う。稲荷山からは比較的なだらかな尾根道だが、階段もあるのでゆっくり行こう。途中トイレはないので、清滝駅ですませておこう。

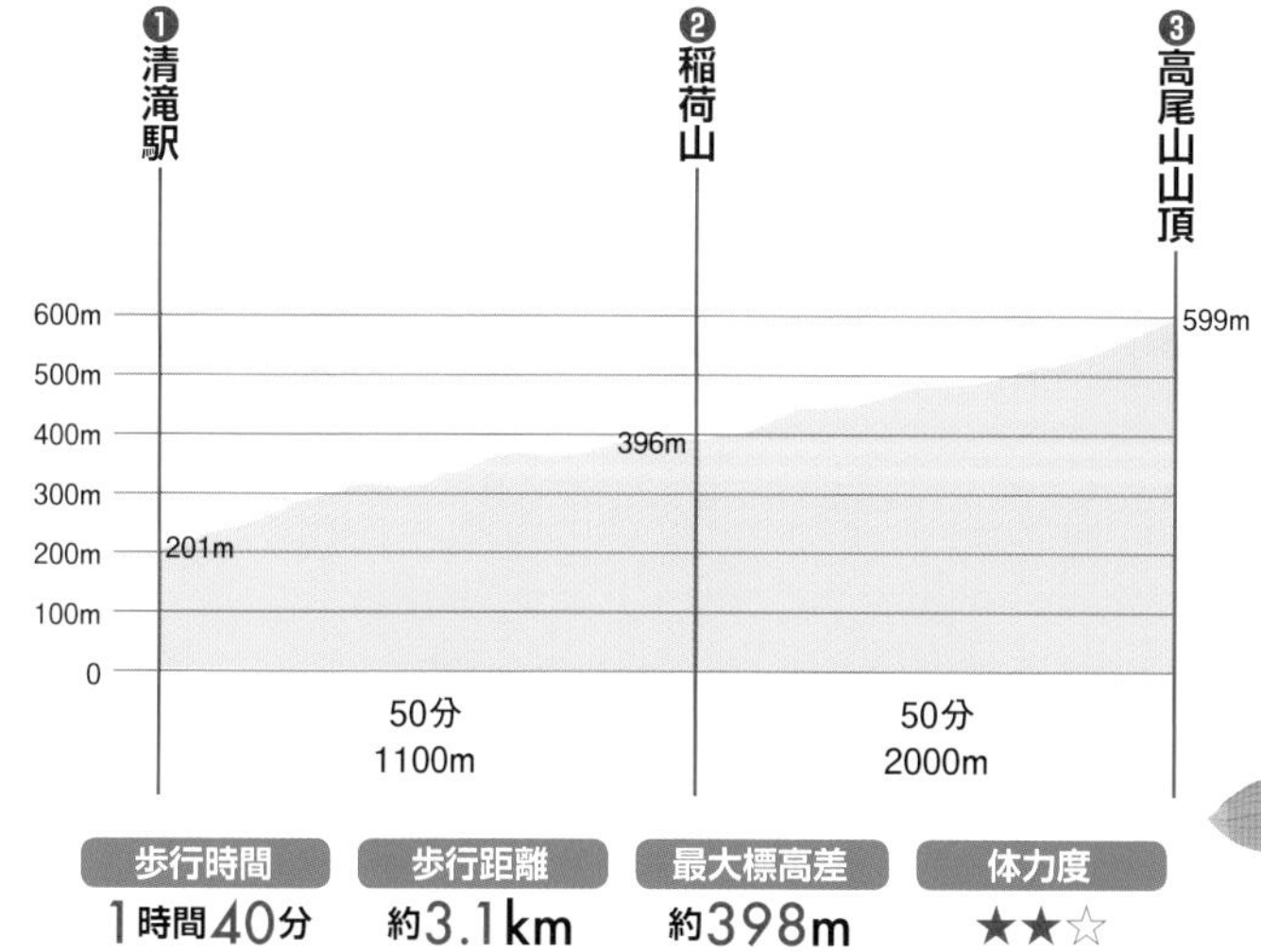


| 歩行時間 | 歩行距離 | 最大標高差 | 体力度 |
|---|---|---|---|
| 1時間40分 | 約3.1km | 約398m | ★★☆ |

## 旭稲荷でひと呼吸入れ東屋で展望を楽しむ

登山口からしばらくは階段が続き、15分ほど登ると赤い鳥居の「旭稲荷」と出合う。

前が平坦な広場になっているので、ひとまず息を整えよう。旭稲荷に登山の無事を祈願するのもいい。

さらに階段状の道を登り、やっと歩きやすい道になったかと思うと、今度は木の根が網の目のように這った道が続く。雨

▲味わいのある「旭稲荷」。稲荷山の名の由来といわれている

▲樹木の根っこが、地面を力強く這う道が続く

で地面が濡れていると、かなり滑りやすいので注意が必要だ。

登山道の両側は高い樹木に覆われているが、天気がいいと木漏れ日が差して気持ちがいい。春は新緑、秋には紅葉が陽を受けて輝き、目と心を楽しませてくれる。

次第に傾斜が増す道をガンバって登っていくと、稲荷山の頂上直下に分岐があり、道標が立っている。「まき道」方面へ進むと稲荷山の山頂に登らず先へ進めるが、ここは「展望台」方面へ。階段を登るとすぐに標

▲傾斜がきつくなり階段も現われるが、稲荷山までひと踏ん張り

▲稲荷山の山頂でコースの約3分の1。ベンチで休んで体力を回復しよう

▲稲荷山手前の道標。「まき道」は左、「展望台」は右へ

▲展望台からの眺め。丘陵帯の向こうに関東平野が広がる

高396mの❷**稲荷山**に着く。

山頂には休憩にぴったりなベンチがあるので、ここで少し休んでいこう。以前この場所にあった東屋とトイレは撤去され、新しくベンチに改修された。

ベンチの前の展望台からは、東に向かって眺望が開けている。眼下に八王子市の街並が広がり、天気がよければ右手に都心と高層ビル、左手に北関東の筑波山まで望める。

体力が回復したら高尾山山頂を目指そう。ベンチから一旦下るとなだらかに登る尾根道となる。幅が広くて歩きやすく、木漏れ日が降り注ぐ中を快適に歩ける。

しかし、樹木が生い茂る両側が切れたった急斜面という場所もある。一歩踏み出さないよう注意しながら歩こう。

▲両側が切れ落ちた細い尾根道もあるので、注意していこう

コース内で見られる花

### 春はセンボンヤリ 秋はツルリンドウ

センボンヤリは花が咲く春には草丈が10cmほどだが、実をつける秋には30〜60cmにもなる。つる性の多年草ツルリンドウは秋に淡い紫色の花を咲かせる。

▲春のセンボンヤリ（上）の花と、鐘状のツルリンドウ

## 最後の難関である階段を突破して山頂へ

尾根道をゆるやかに登って高度を上げていくと、陽射しが多く差し込むようになり周囲が明るくなってくる。

途中「高尾山のヘビ」など自然や動物に関する解説板が立っているので読みながら進もう。

目の前に現れる階段を上ったり、時には下ったりしながら、アップダウンのある道を行く。

ウッドデッキ風の階段を過ぎると、やがて道が3つに分かれる広場（6号路分岐）に着く。右は6号路へ合流する道、左は「森林ふれあい館」という施設へ向かう林道へつながる。

目指す高尾山の山頂へは、真ん中の道を進む。しばらく行くとウッドデッキとベンチのある広場（5号路分岐）に出る。

ここから山頂まではあと少し。山頂下を周回している5号路を横切り、真っすぐのびる約200段の階段に挑もう。上り切ったら、そこは❸**高尾山山頂**だ。

▲6号路分岐では真ん中の道を進む

▲５号路分岐には「山頂周辺コース案内」が立っているので参考にしよう

# 蛇滝コース

かつての高尾山の表参道。静寂のスピリチュアルコース

●じゃたきこーす

▲蛇滝入口から橋を渡って舗装道を進む

## 蛇滝口バス停から裏高尾の森へ

高尾山の北斜面にある「蛇滝」は、古くから信徒を集める霊場だ。このコースはかつて高尾山の表参道であったが、今は人影が少なく、静かな山歩きがしたい人向きの穴場ルート。

駅の北口から小仏行きのバスに乗り、❶**蛇滝口バス停**で下車。車道を先へ少し進むと「高尾梅の郷まちの広場」がある。トイレと身支度をして出発しよう。

圏央道をくぐって車道を進むと、左手に「蛇瀧水行道場入口」の標柱が立つ❷**蛇滝入口**となる。ここを左に曲がって橋を渡ろう。

◀この標柱から左へ曲がる

## COURSE DATA 蛇滝コース

京王・JR高尾駅からバスで蛇滝口へ。林道分岐まで舗装道、そこからゆるやかに林道を進む。蛇滝水行道場の石段の上から山道となる。つづら折りや階段状の道を越え霞台へ。下山ルートにするならバス時刻を確認しよう。

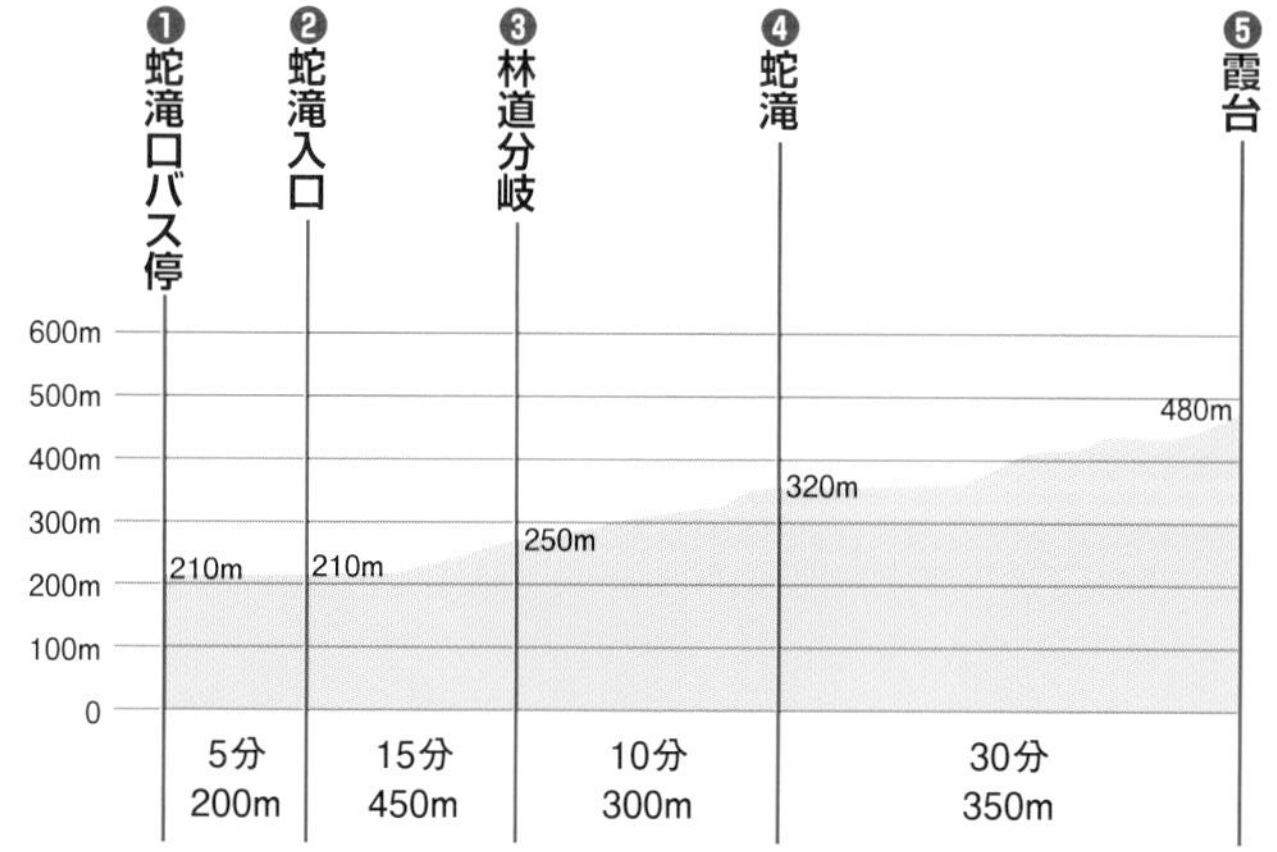


| 歩行時間 | 歩行距離 | 最大標高差 | 体力度 |
| --- | --- | --- | --- |
| 1時間 | 約1.3km | 約270m | ★☆☆ |

## 蛇滝からつづら折りの道をたどり霞台へ

右に高齢者施設を見ながら舗装道を行く。小川のせせらぎを聞きながら進むと、右手に古びた鳥居と石段が現れる。

石段の上には「千代田稲荷神社」があったが、2013年に残念ながら焼失してしまった。

復興を祈りつつ先へ進むと、左手に流れる行ノ沢のほとりで、春にはタカオスミレやニリンソウなど多彩な花が見られる。

▲元は江戸城の守護神だった千代田稲荷大明神を祀っていた。今は鳥居だけが残る

▲「蛇滝」は6号路の「琵琶滝」と同様、薬王院の修行の場だ

しかし、近年は踏み荒らされて花々が減っているので、道から外れないように観察しよう。

車止めゲートを過ぎて登っていくと、信徒用の駐車場のある❸**林道分岐**だ。左手に廃道を見て、石柱が立つ道を先へと進む。

道端のお地蔵さんと出合いながら、舗装された林道をゆるやかに登る。やがて突き当たりに石段が見え、「高尾山修験道蛇瀧水行道場」の入口となる。

入口横に鎮座する赤い帽子の「薬師如来・聖観音・馬頭観音」の三石仏に挨拶し、石段を上がると❹**蛇滝**に着く。

▲晩秋には落ち葉を踏みしめながら、つづら折りの道を行く

緑色の鉄柵の向こうに細い滝の流れが見えるが、ここは修行する人限定なので立入禁止。

階段を上って「青龍堂」にお参りし、その先から山道に入っていこう。

▲ゴールの霞台からは都心や房総半島、横浜方面が一望できる

道は次第に急になり、やがてつづら折りの道となる。

周囲は落葉広葉樹の静かな森で、春は新緑、秋は黄葉が美しい。美声で名高い野鳥「オオルリ」の声が聞こえることも。

つづら折りの道を最後に八折り、九折りするあたりで、頭上から高尾山ケーブルカーの発車音や、人々のにぎわう声が聞こえてくる。

静けさを楽しんだ山歩きも、もうすぐラスト。木の階段を上ると2号路と合流する。

さらに左の階段をひと上がりすると、1号路の❺**霞台**に到着。

コース内で見られる花

### 道沿いの沢筋に春の花がいっぱい

沢に沿って蛇滝へ向かう道筋に、春先にはミヤマキケマン、ニリンソウなどの野の花が咲く。山道に入るとマタタビの花も。マナーを守って観察&撮影しよう。

▲可愛いニリンソウ(上)と、形がユニークなミヤマキケマン

▲「ぢゃたき」の石柱に迎えられ、1号路の霞台に到着

▲テーブルとベンチが並ぶ霞台でひと休みし、薬王院へ参拝

北高尾
KITATAKAO

# いろはの森コース

いろは48文字の樹木や、古歌をたどりながら登る

●いろはのもりこーす

▲トイレや水場がある日影沢キャンプ場

## 花咲く日影沢林道から深い森を感じる自然林へ

高尾山の北斜面の自然豊かな森を登っていくこのコース。「いろは48文字」の頭文字で始まる樹木の解説板をたどりながら登り、それがこのコースの名の由来になっている。植物にちなんだ「古歌」を綴った木の札が道端に立ち、なかなか風流な森林浴コースとなっている。

高尾駅の北口から小仏行きバスに乗り、❶**日影バス停**で下車。進行方向に歩き、左手の日影沢林道へ入っていこう。

沢沿いの平坦な林道は、春は草花の宝庫。踏み荒らさないようにマナーを守って観察しよう。

しばらく進むと❷**日影沢キャンプ場**に着く。管理棟の向こうにあるトイレに寄っていこう。

このキャンプ場で日影沢林道と分かれて、左手の道へと入る。少し迷いやすいが、「高尾山頂・大垂水《おおたるみ》峠方面（いろはの森学習

**COURSE DATA**……………………………………いろはの森コース

京王・JR高尾駅からバスで日影へ。日影沢キャンプ場まで林道を歩き、そこで道標を確かめ山道へ。次第に急になり4号路分岐手前は特に険しくなるが、尾根上に出たらなだからに。下山ルートに使うならバスの時刻は要確認。

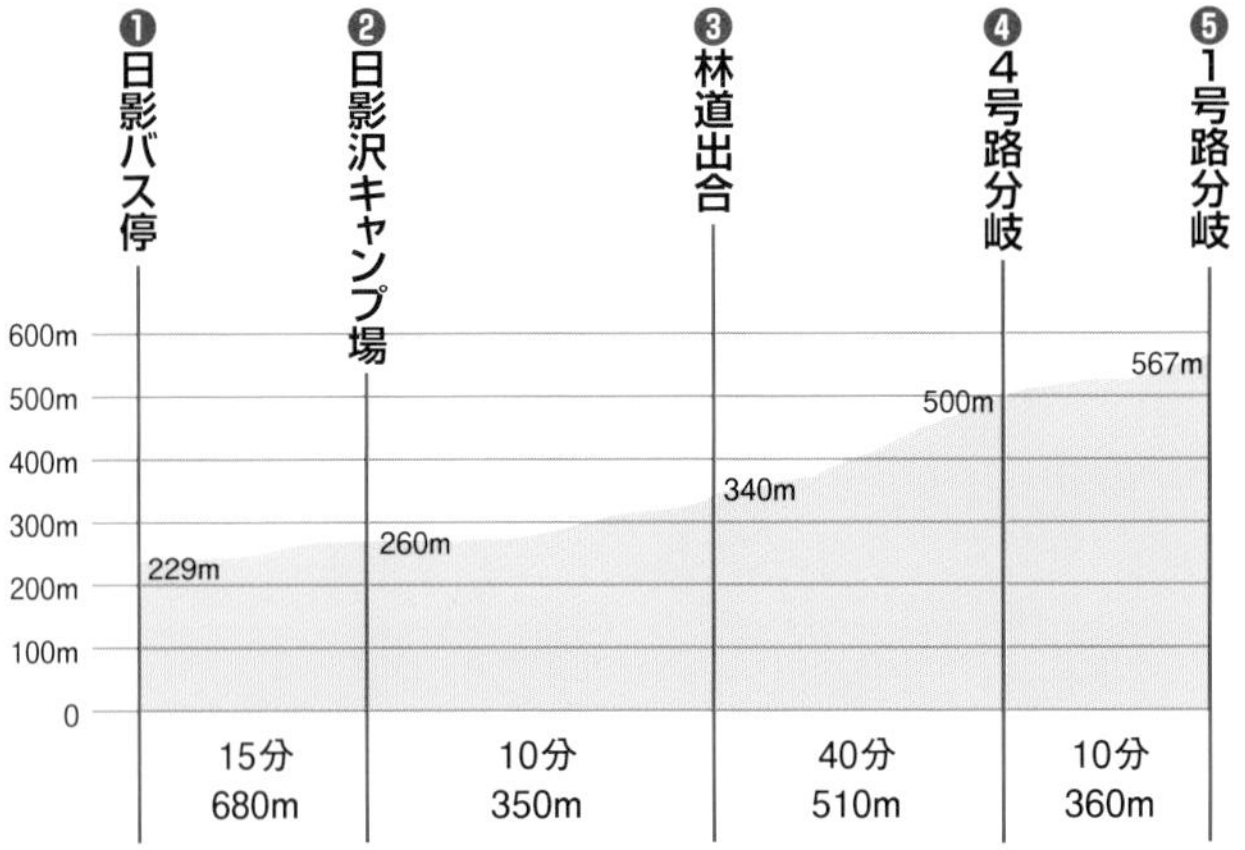


| 歩行時間 | 歩行距離 | 最大標高差 | 体力度 |
|---|---|---|---|
| 1分15分 | 約1.9km | 約338m | ★☆☆ |

▲万葉歌人の「大伴家持(おおとものやかもち)」「紀郎女(きのいろつめ)」など詠み人をチェックしながら歩こう

の歩道)」の道標どおりに進んでいけば問題ない。まもなく「八王子山の会」の山荘を通り過ぎると登山道となる。

人工林の多い高尾山の南斜面とは対照的に、自然林が多く残る北斜面。すぐに深い森にいるような空気感に包まれる。

最初はゆるやかに登っていくが、ケヤキの大木があるあたりから上りがきつくなる。樹木の解説や、いにしえの古歌を読みながら歩みを進めていこう。まもなく❸**林道出合**で幅の広い道を横切る。その先の小さな階段を上がって、再び山道へ入ろう。

▲林道出合から階段を登り山道へ。この後に急登となるが、古歌をたどりながら楽しく進もう

▲「㋑いろはもみじ」「㋘けやき」など解説プレートと、樹木や花にちなんだ古歌の木札

コース内で見られる花

### 登りを励ましてくれる花たち

日影沢沿いに春はニリンソウ、タカオスミレなど多彩な花が咲く。山道の登りがきつくなったあたりでも、エイザンスミレやミヤマキシミと出合えるかもしれない。

▲はかなげなエイザンスミレ(上)と華やかなミヤマキシミ

## きつい直登コースも遊びながら楽しく登れる

**❸林道出合**から階段を上がると、広葉樹や針葉樹が入り混じった深い樹林帯に入る。「いたやかえで・こなら・ぶな・ほおのき・めぐすりのき」などいろは48文字から始まる樹木をたどると、「へいのたまき・るりみのうしころし・んまべのき」など面白い名前も見つかる。

遊び心いっぱいのコースを歩くのは実に楽しい。しかし、尾根に向かってほぼ直登するコースなので、ところどころにあるベンチで休憩しながら進もう。

階段状の道を登っていくと、**❹4号路分岐**に出る。ずっと北斜面を登ってきたので、尾根上には南側から陽が差しなんとも明るく感じる。ここは4号路と分かれ、尾根上を真っすぐ進む。

モミの林を抜け、デッキのようになった道を過ぎると**❺1号路分岐**。静かな森の道行きも、ここでにぎやかな人波と合流。10分ほどで高尾山山頂に着く。

▲4号路分岐は2つの道標をよく見て進もう

▲コース上にはベンチが点在。木の洞の前のベンチでひと休みしよう

▲トントン足音を奏でながら登ると楽しい木のデッキ状の道

▲ここで1号路と合流。「Top of Mt. Takao」のほうへGo！

奥高尾
OKUTAKAO

# 高尾山～小仏城山

歩き足りない人に！ 高尾山を満喫できる、奥高尾の定番コース

●たかおさん～こぼとけしろやま

## 1号路の薬王院を経て まずは高尾山の山頂へ

このコースは、高尾山～景信山～陣馬山と続く「奥高尾縦走路」の東のスタート部分だ。

小仏城山は、高尾山～景信山を結ぶ尾根上にそびえ、山頂には茶屋もある。高尾山だけじゃ歩き足りない人には縦走気分を味わえると人気だ。

ここではケーブルカーの❶**高尾山駅**から出発するルートを紹介する。1号路を登り薬王院を経て、まずは❷**高尾山**の山頂に立とう。

▲高尾山薬王院の本堂でひと呼吸

▲山頂の大見晴園地から見える富士山。晩秋～冬は白い帽子をかぶっている

## COURSE DATA …… 高尾山～小仏城山

徒歩またはケーブルカーなどを利用し、1号路（P26）を経て高尾山山頂へ。アップダウンを繰り返しながら尾根道を進み、小仏城山の手前で急な登りがある。小仏までは一気に下るがスリップに注意。帰りのバス時刻は要チェック。

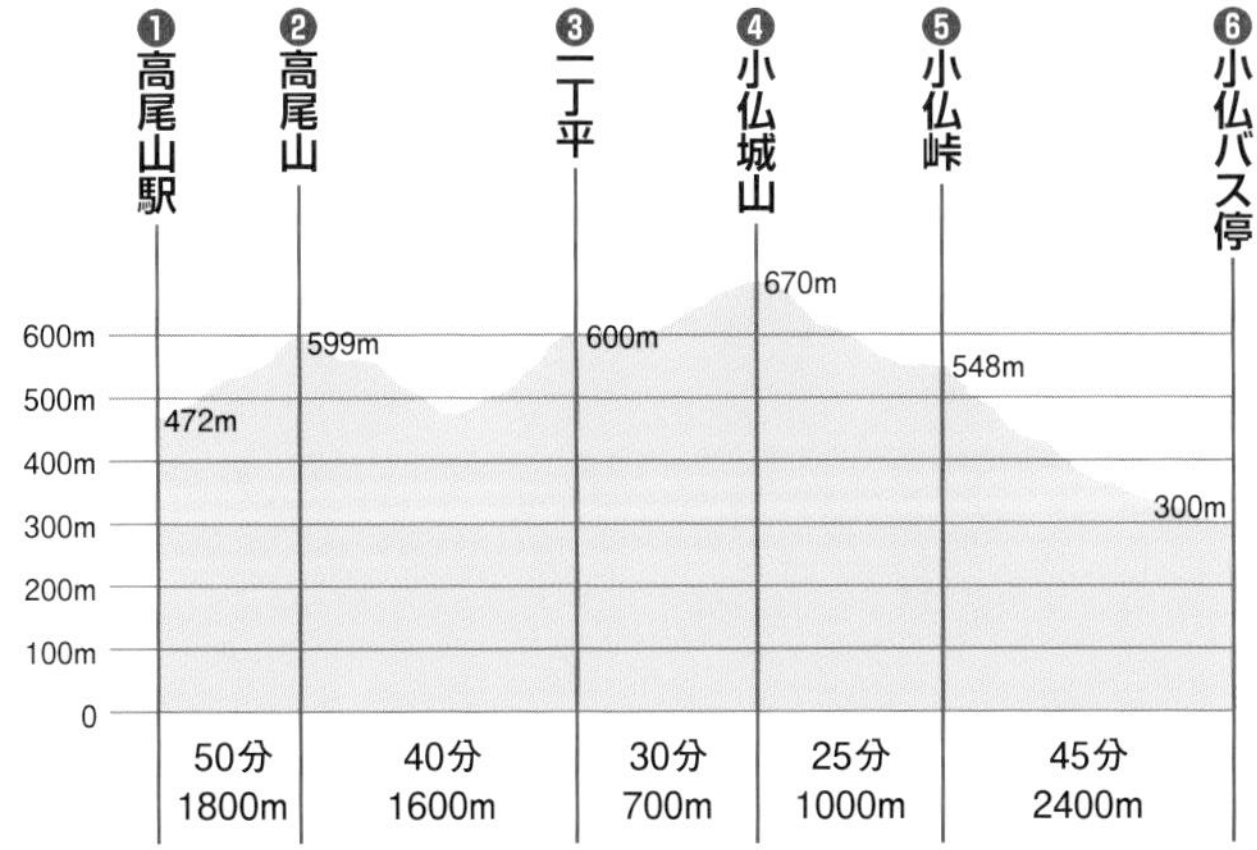


| 歩行時間 | 歩行距離 | 最大標高差 | 体力度 |
|---|---|---|---|
| 3時間10分 | 約7.5km | 約370m | ★★★ |

## のびやかな尾根伝いに一丁平〜小仏城山へ

高尾山の山頂には茶屋3軒と高尾ビジターセンターがあり、ハイカーや観光客で大にぎわい。頂上のいちばん奥にある「大見晴園地」からは丹沢山塊が間近に見え、視界がよければ富士山を望むこともできる。

そこから山頂の西側へ石段を下り、山頂直下を周回している5号路を横切り真っすぐ進む。「これより先は奥高尾」の案内図に従い、北側と南側の巻き道を分けて真ん中の道を進めば、「もみじ台」に着く。

▲もみじ台の茶屋「細田屋」でひと休み。「とろろそば」「なめこ汁」が人気だ

▲一丁平の展望デッキ。視界がよければ石老山（せきろうざん）や富士山を展望できる

その名のとおり、ここはイロハモミジが美しい紅葉の名所だ。1軒ある茶屋では「なめこ汁」がおいしい。ちなみにトイレはもみじ台、一丁平、小仏城山にあるので安心して先へ進もう。

開けた尾根道をゆるやかに進んでいく。例年4月の中旬には、もみじ台から一丁平にかけて「千本桜」と呼ばれるヤマザクラの並木が満開になる。

また、夏は緑が深まり、秋はススキが輝く。冬には風情ある枯れ色に染まり、色とりどりの四季が楽しめる。

途中、左に大垂水峠《おおたるみ》への道を分ければ、10分ほどで❸**一丁平**に到着。広い園地にはテーブルやイスが整備され、ひと休みにちょうどいい。

階段道を登れば展望デッキが広がる。晴れていれば大山から蛭ヶ岳《ひるがたけ》、大室山などの丹沢山塊、

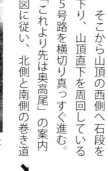

▲小仏城山の山頂より、高尾山方面を展望

▲一丁平から小仏城山へと続く、のびやかな尾根道を行く

▲多くのハイカーでにぎわう城山茶屋。夏の特盛り「かき氷」が有名

その右に富士山が一望できる。

一丁平から、さらにのびやかな尾根を進む。小仏城山まではヤマザクラの並木となっており、ここも春爛漫の光景が見られる。

しかし、トレイルランナーがスレスレのところを走り抜けていくこともあり注意したい。

さらに進むと二股に。左は「小仏城山山頂」、右は「小仏城山を経て相模湖」と示された道標がある。右へ行くと巻き道で、途中から左手の脇道を折り返して登りトイレの裏から山頂へ。左へ進むと大垂水峠《おおたるみとうげ》への道を分け、階段道を登り山頂へ。どちらを行っても、まもなく❹**小仏城山**に到着する。

広い山頂に茶屋2軒があり、テーブルやイスが並ぶ。山上からは高尾山や関東平野、逆側には石老山《せきろうざん》、富士山が望める。

▲広い山頂にはトイレもあり安心

コース内で見られる花

## 春はヤマザクラ 秋はヒガンバナ

尾根上のあちこちでヤマザクラが春満開に。一丁平ではコブシも白い花を咲かせる。秋はハギやノハラアザミ、そして真っ赤なヒガンバナも稜線を彩る。

▲尾根を薄ピンクに染めるヤマザクラ(上)と、秋のヒガンバナ

▲標高548m、昔の甲州街道だった小仏峠

## かつて甲州街道が通った小仏峠からバス停へ下る

このコース最高峰の小仏城山からの眺めを楽しんだら、小仏峠を目指そう。「関東ふれあいの道 小仏峠・景信山・陣馬山」方面に道標を確認して進もう。

無線中継所のアンテナ塔の左側を通る。スギやヒノキ林を下っていくと、途中、小仏峠の一段上の広場となり、ベンチが並ぶかつての茶屋跡がある。❺**小仏峠**はここからわずかに急下降したところだ。江戸時代には甲州街道が抜けていた峠で、明治天皇の山梨巡幸を記念した「明治天皇聖蹟碑」が立つ。

かつて明治天皇が歩いた小仏城山〜小仏峠を下る。「景信山・陣馬山」へ向かう尾根と分かれ、「小仏バス停」方面へ。

ジグザグに折り返しながら下り、なだらかになったらやがて車道に出る。道なりに進むと寶《ほう》珠寺《しゅうじ》があり、「小仏のカゴノキ」があるので寄ってみよう。その少し先が❻**小仏バス停**だ。

▶寶珠寺の石仏の後ろに立つ関東有数の大樹「カゴノキ」

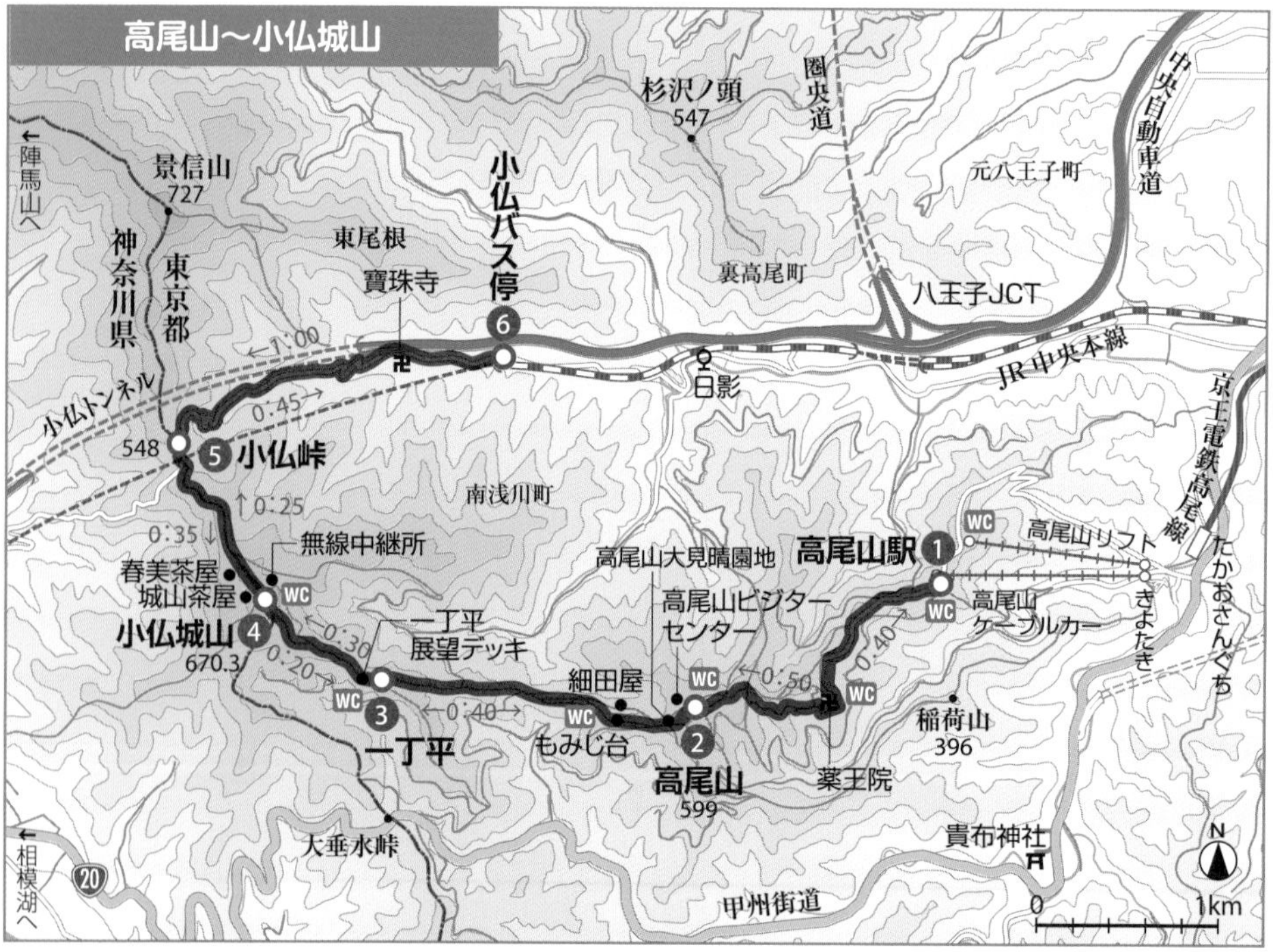

奥高尾
OKUTAKAO

# 景信山

## 展望と茶屋が魅力！奥高尾のど真ん中にあるピークに立つ

●かげのぶやま

### 小仏から車道歩きでウォーミングアップ

奥高尾山稜のほぼ中央に位置する景信山は、小仏から登るといちばん早く山頂に着ける。

そのロケーションから高尾山へ縦走したり、堂所山《どうどころやま》を経て陣馬山へ到るコースが人気だ。

しかし、ここでは堂所山を経て、底沢《そこざわ》峠から一気に下る野趣あふれるコースを紹介しよう。

高尾駅北口から小仏行きバスに乗り、❶**小仏バス停**で下車。車道を進むと左に寶珠寺《ほうしゅうじ》がある。その先のS字カーブの先に、❷**景信山登山口**がある。

▲「小仏のカゴノキ」がある寶珠寺

▲S字カーブを越えた右手の登山口から、ジグザグ登りが始まる

## COURSE DATA ……景信山

京王・JR高尾駅からバスで小仏へ。車道を歩き、登山口からいきなりの急登となる。尾根上に出たら傾斜もゆるみ山頂に到着。底沢峠まではアップダウンを繰り返し、底沢へは植林帯を一気に下る。帰りのバスの時刻は要チェック。

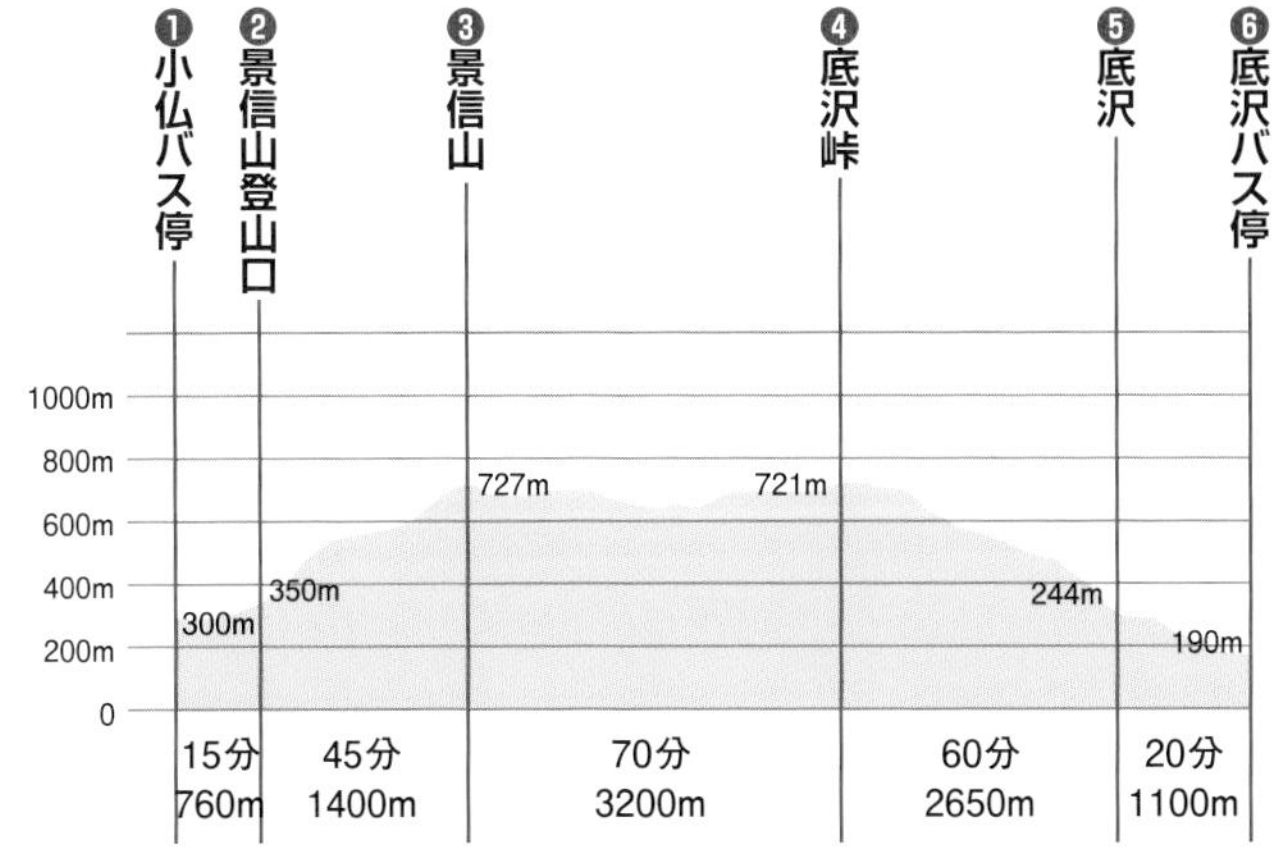


| 歩行時間 | 歩行距離 | 最大標高差 | 体力度 |
|---|---|---|---|
| 3時間30分 | 約9.1km | 約537m | ★★★ |

## アップダウン尾根歩きで景信山から堂所山へ

　登山口からまず植林帯の中をジグザグに登っていく。山道は中央自動車道のトンネルの上を通り急坂が続くが、ここは慌てずにゆっくりペースで進もう。

　小さな尾根にのったところで傾斜がゆるやかになり、雑木林に陽が差し周囲が明るくなる。

　再び植林帯に入ると、ひと登りで大きな尾根の上に出る。ここが小下沢分岐だ。

　景信山へは左へと進む。じきにジグザグの急登となるが、やがて視界が開け気持ちいい尾根歩きに。三角屋根のトイレの脇を通れば、❸**景信山**に到着。

　山頂には2軒の茶屋があり、「景信茶屋 青木」の前に並ぶテーブルとベンチから、左手に高尾の主稜線、右手には相模湖を挟んで丹沢や道志の山々、視界がよければ富士山も望める。

　少し上へ上がった「三角点かげ信小屋」前では、眼下に広がる関東平野が一望できる。

　景信山でゆっくり休憩したら、北西へ伸びる尾根道を進み、堂所山を目指す。

　まずは少し下って植林帯へと入っていく。尾根道はゆるやかにアップダウンを繰り返しているが、トレイルランニングを楽しむ人が増えたためか、尾根の脇にいくつも巻き道ができている。先を急ぎたいなら巻き道でショートカットするのもいい。

　小ピークをいくつか越えると、

▲ジグザグ道を越えて気持ちのいい尾根道へ。景信山の山頂はもうすぐ

▲景信山の山頂の三角点のあるあたりから、関東平野を見渡す

▲地図付きの標識のある分岐から堂所山山頂へ

▲景信山の山頂からは、こんな富士山ビューが楽しめる

▲「景信茶屋 青木」前のテーブルとベンチに座ってランチタイム

じきに堂所山への分岐となる。標識の左前方の急傾斜を一気に登り、上がった尾根を右へ。

雑木に囲まれた堂所山は、西側が展望できる。景信山とは対照的に何もなく、こじんまりとした小さな山頂だ。

堂所山から先は間違って北側の関場峠方面に下る道へ進まないように注意し、来た道を戻って先ほどの分岐へ。そこから巻き道を進み、開けた尾根道をたどっていくと❹**底沢峠**に着く。

ここから下山する前に、10分ほど先の明王峠に足をのばすのもいい。「明王茶屋」やトイレがあり、樹間から富士山も望める。

明王茶屋は閉まっていることもあるが、明王峠から相模湖畔まで下るルートがあるので、そちらで下山するのも手だ。

▲底沢峠へ向かう尾根道。景信山から来る人、陣馬山から来る人が行き交う

コース内で見られる花

## W紫のアザミとムラサキシキブ

小仏～景信山の植林帯は薄暗く花が少ないゾーンだが、ツリバナなどが見られる。秋にはノハラアザミの花やムラサキシキブの実が、鮮やかな紫に染まり目を引く。

▲ノハラアザミ（上）と、きれいな実を結ぶムラサキシキブ

# 歩く人も少ない静寂の野趣あふれる道を底沢へ

底沢峠からの下りは、「底沢2・8㎞」と道標の示すほうへ、スギの植林帯をジグザグに刻みながら下っていこう。

この道はハイカーの姿も少なく静かな山歩きができるが、どことなく野趣あふれた雰囲気。分岐からすぐの道は笹薮《ささやぶ》に覆われていて不明瞭なところもあるが、足元を見ながら斜面を下っていけばやがて尾根道に出る。

しばらく進むと傾斜もゆるみ、分岐から30分ほど下ったら、道標に従い左へ折れる。

竹の伐採地を通過して植林帯をどんどん下っていくと、再び竹林へ入る。最後に小さな墓地を通過して石段を下ると、❺**底沢**の集落に着く。

道標の「底沢バス停」方面に車道を歩き、中央自動車道とJR中央線の線路をくぐる。

国道20号に出たら、❻**底沢バス停**でゴール。ここからバスに乗りJR相模湖駅へ出よう。

▲底沢峠から道標に従って底沢へ下る

▲最後の竹林を抜けたら、車道を歩くとまもなく「底沢バス停」へ

奥高尾
OKUTAKAO

# 陣馬山

## 白馬と360度大パノラマが迎えてくれる展望の峰

●じんばさん

### 陣馬高原下バス停から陣馬街道を歩み始める

東京都と神奈川県の境にそびえる陣馬山。四方から登山道がのび、高尾山や景信山から縦走してくるコースが人気だ。相模湖から明王峠経由や、栃谷尾根を登ってくることもできる。

ここでは陣馬高原下バス停から登り、和田バス停へ下山する快適コースを紹介しよう。

高尾駅北口から陣馬高原下行きバスに乗り、終点❶**陣馬高原下バス停**で下車する。トイレがあるのでそこですませよう。車道を進み、赤いポストのある二股を右へ行き陣馬街道を進もう。

▲赤いポストのある二股を右へ

◀二股にある道標の「和田峠・陣馬山」方面へ

**COURSE DATA** ……………… 陣馬山

京王・JR高尾駅からバスで陣馬高原下へ。車道を歩き、新ハイキングコース入口から山道となり沢沿いに進む。尾根道になると木の根道の急登となる。下りは最短でバスに乗ることができる和田バス停へ。帰りの時刻は要確認。

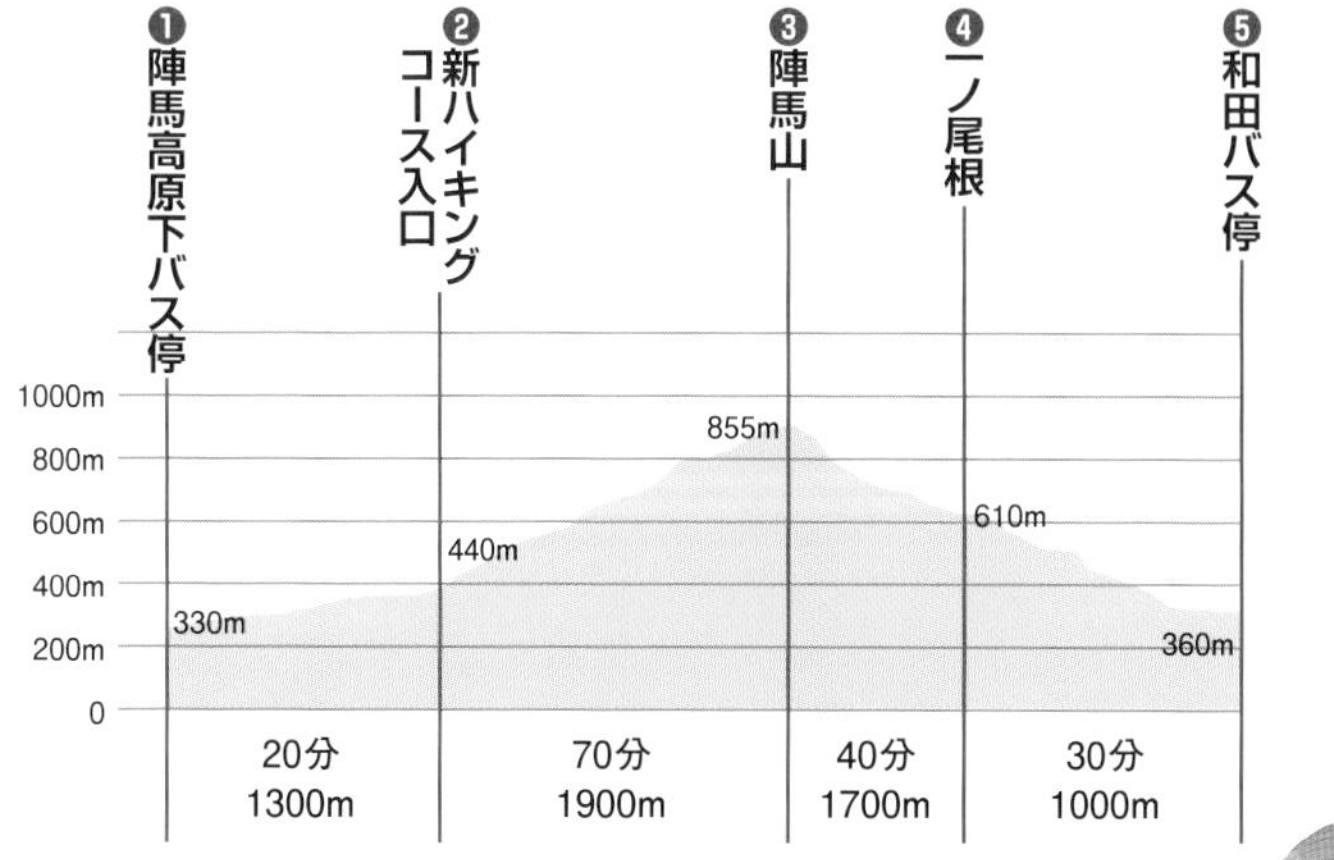


| 歩行時間 | 歩行距離 | 最大標高差 | 体力度 |
|---|---|---|---|
| 2時間40分 | 約5.9km | 約525m | ★★★ |

## 急登の木の根道を越え山頂の大展望を楽しもう

陣馬高原下から陣馬街道を20分ほど歩くと、登山口である❷**新ハイキングコース入口**に着く。車道の左手にコース案内図と「陣馬山山頂1・9㎞」の道標が立っているので、そこから山道に入っていこう。

最初は沢沿いにゆるやかに登る。すぐ近くに清流の音を聞きながら歩けるので、みずみずしい森の空気に包まれながら気持ちよく歩ける。

▲新ハイキングコース入口の案内図。陣馬街道と分かれて山道へ

▲木の根道は滑りやすいので注意だ

▲最初は小さな沢をたどっていこう

小さな木の橋を渡って進んでいくと道標があり、右へ曲がると急な登りが始まる。

植林帯の道のあちこちで、土砂流出のために木の根がむき出しになっている。根が網の目のように這いまわっているため、進んでいくルートが分かりにくくなることも。そんなときは、赤いペンキの目印がついた木をたどっていこう。

一度ゆるやかな小尾根に出てホッとひと息つけるが、すぐにまた急な木の根道の登りに。今度は白いペンキをたどっていくと、やがて道はなだらかになり開けたような場所に出る。

ここでは、少し離れて立つ2つの道標に注意だ。1つ目の「高尾山・景信山との分岐」は右へ。その先の「和田峠との分岐」は左へ行こう。

秋には鮮やかな紅葉が空に映える気持ちのいいロケーションのなか幅の広い道を進んでいく。

▲陣馬山の山頂から、道志山塊や富士山を望む

▲「高尾山・景信山との分岐」の道標。陣馬山は右の明るいほうへ進む

▲2つ目の道標「和田峠との分岐」では左へ登っていく

すぐ先で二股になるが、左へ行くと山頂を通り越して戻ってくることになるので、右の道へ。

ここまでくれば山頂は近い。空がすぐそこに感じる山道をたどり、道標の先の階段を上ると、陣馬山のシンボル「白馬像」の後ろ姿が目に飛び込んでくる。

信玄茶屋を通過して最後の階段を上がると、❸**陣馬山**に登頂となる。

山頂からはまさに360度の大展望が広がる。南面には丹沢の山々から富士山、西には南アルプスから大菩薩嶺、奥多摩の山々、さらに北には日光連山や筑波山まで展望できる。

ちなみに「陣馬山」の名は、かつて武田氏が北条氏の滝山城を攻める際、陣を張った「陣場」だったという説があり、山頂で歴史に思いを馳せるのも楽しい。

▲山頂直下にある「信玄茶屋」。後ろにそびえるのは奥多摩の大岳山だ

コース内で見られる花

## 林床のセンブリやシモバシラに注目

秋、山上の日当たりのいい場所にセンブリの小さな花が咲く。冬に茎の中の水分が凍りつくシモバシラは、秋に白い花をつける。登り始めの沢沿いで探してみよう。

▲センブリ（上）と、9〜10月頃に咲くシモバシラの花

▲シンボルの白馬像が立つ山頂で、眺めと昼食タイムを満喫

## 山頂でのお昼タイムはおいしく楽しく過ごそう

陣馬山頂の白馬像のすぐ横には、お弁当を広げるのにちょうどいいテーブルとイスが並ぶ。

この白馬像は１９６０年代に、京王帝都電鉄（現京王電鉄）が立てたもの。相模湖で遊んでいた観光客が白馬を見るために登山者として訪れるようになり、高尾山や景信山からの縦走コースも定番になったという。

また、山頂には「富士見茶屋」「清水茶屋」「信玄茶屋」があり、名物の「山菜そば・うどん」、「けんちん汁」、夏は「かき氷」などが味わえる。高尾山ほどの混雑もなく、テラスでのんびりと食事を楽しめるのがうれしい。

▲清水茶屋のテラスからの富士山は絶景、名物ユズ皮入り「けんちん汁」は絶品

初秋には「センブリが咲いたかな」と陣馬山へ登るファンが多い。「千回ふり出してもまだ苦い」ことから名がついた薬草で、山頂南側の日当たりのいい草地で咲いているのを見かけるので、ぜひ探してみよう。

山頂で楽しんだ後は、いちばん最短でバスに乗れる「和田バス停」へ下るルートを紹介する。しかし、便はかなり少ないので（13～17時に4便ほど）、時間調整をして出発しよう。

▲信玄茶屋近くに新設された東屋がある

## 一ノ尾根をどんどん下り 山里から和田バス停へ

下りは道標に従って「和田（一ノ尾根コース）」方面へ。ちなみに「和田峠」という表示もあるが、まったく別方向に向かうので間違わないように。

清水茶屋の前を通って階段状の道を下る。ミズナラの森からやがて植林帯に入り、やや薄暗くなった尾根道を下っていく。

途中、ベンチと「和田1・8km」という道標があるが、そのまま通過して真っすぐ進む。

そこから15分ほどで、❹**一ノ尾根**に立つ「和田1・2km」の道標に出合う。ここから尾根を離れ右へと下っていこう。

樹林帯をどんどん下ると、眼下に和田集落と茶畑が広がる。民家のあたりで舗装道となり、まもなく陣馬山登山口に着く。

車道を左へ川沿いに進む。雰囲気のいい山里の集落を抜けていくと、トイレと休憩所のある❺**和田バス停**に着く。そこからバスに乗ってJR藤野駅へ。

▲山頂から一ノ尾根を下っていく

▲一ノ尾根の道標。「上沢井・落合」方面へは進まず右の「和田」へ

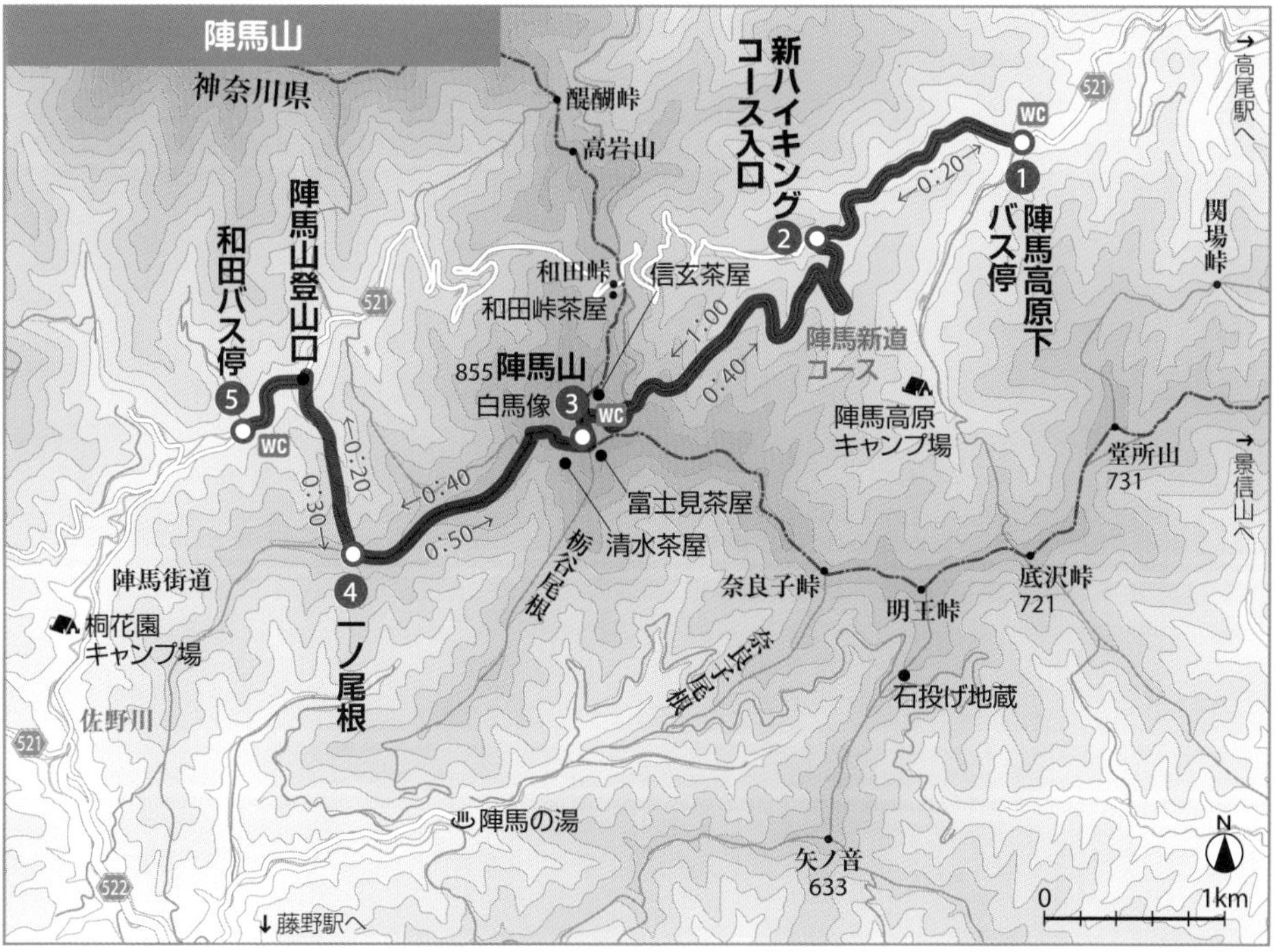

# PART 2

# グルメ&おみやげ全店ガイド

人気のそば・甘味処・カフェ・おみやげ店を
山麓、中腹、高尾山頂のエリアごとに紹介

登って参拝するだけが高尾山の魅力ではない。その道筋には、おいしいグルメの食事処や楽しいおみやげ屋さんが目白押し。甘味処やカフェも充実。季節限定の味も楽しめるから、四季を問わず何度も訪れたい。

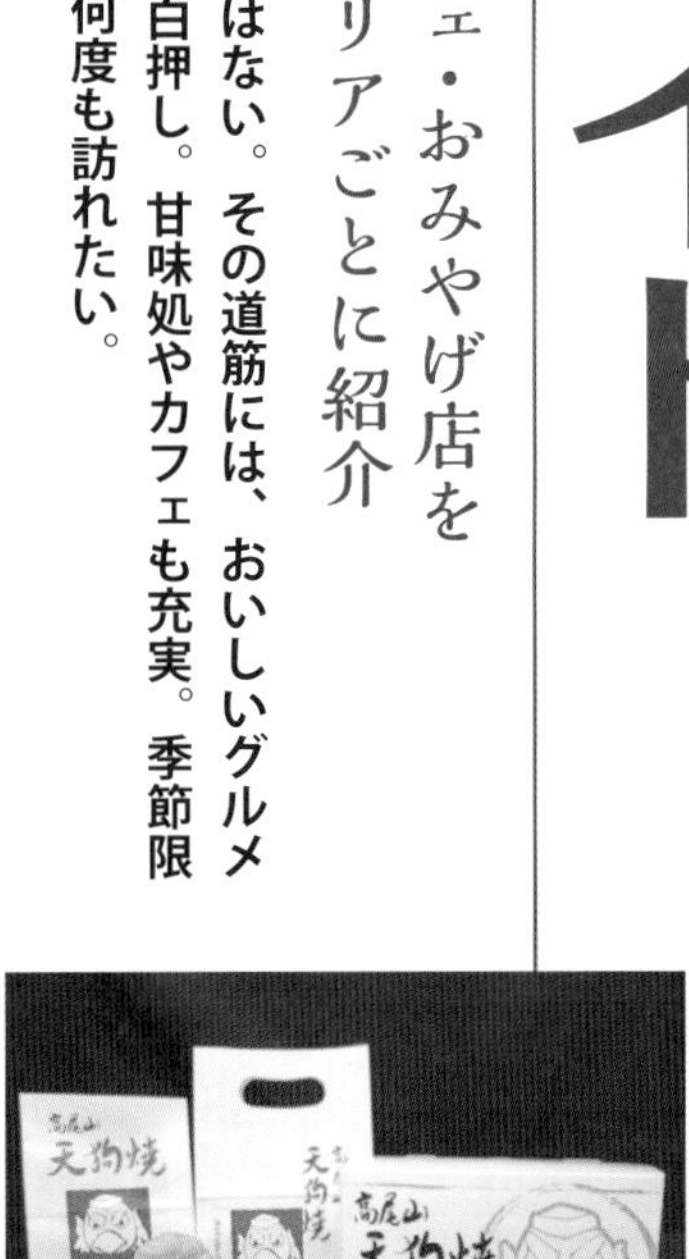

540

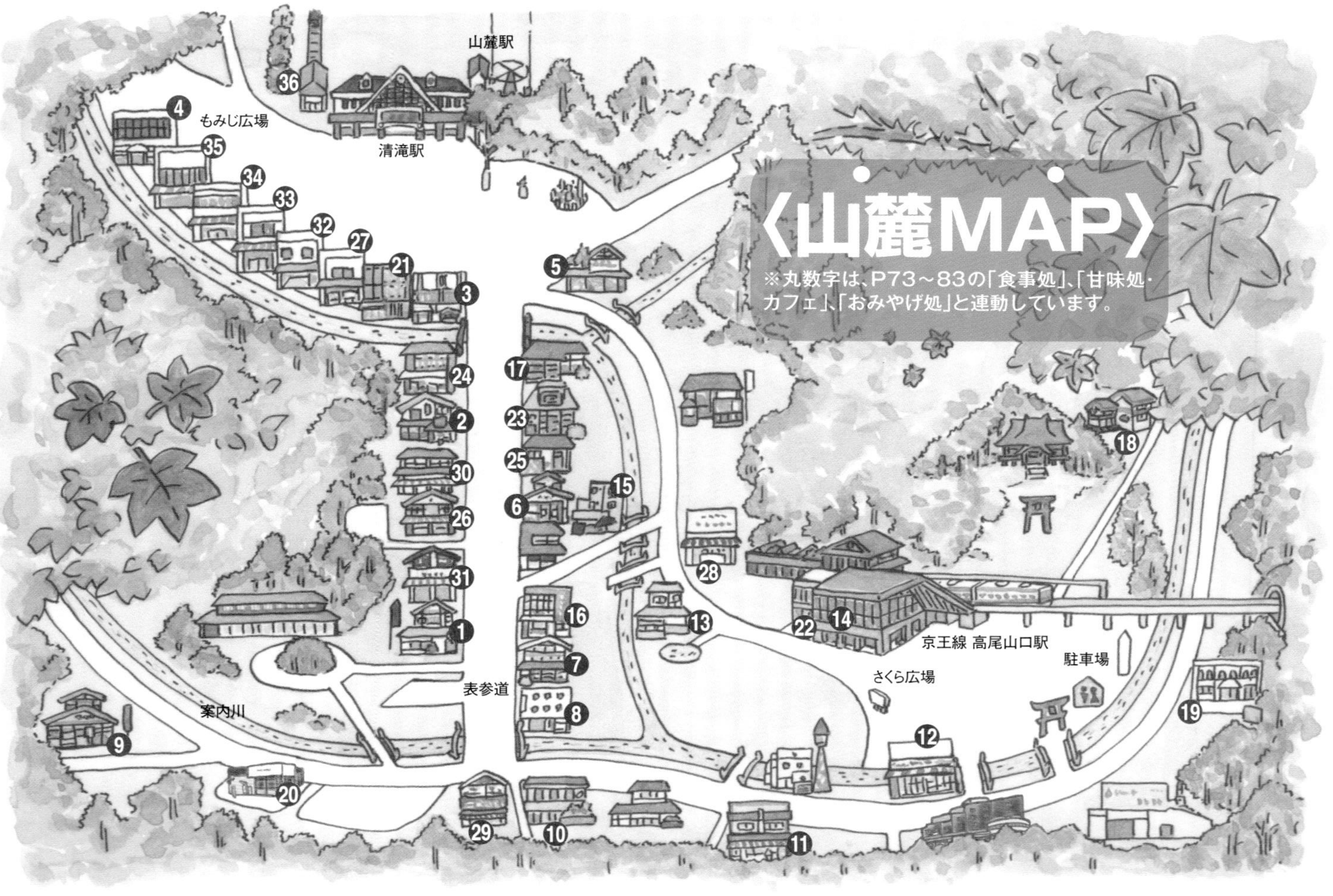
〈山麓MAP〉
※丸数字は、P73～83の「食事処」、「甘味処・カフェ」、「おみやげ処」と連動しています。
山麓駅
清滝駅
もみじ広場
表参道
案内川
さくら広場
京王線 高尾山口駅
駐車場
1
2
3
4
5
6
7
8
9
10
11
12
13
14
15
16
17
18
19
20
21
22
23
24
25
26
27
28
29
30
31
32
33
34
35
36

# 名物のそばをはじめ こだわりの味を満喫「食事処」山麓

地図❶

ねばりのあるとろろを使った「むぎとろ膳」(1,740円)

創業は昭和元年。昔ながらのこしのある田舎風手打ちそばが自慢の店だ。大和芋を使った「むぎとろ膳」はねばりが強く、味が濃厚。「天ぷらつきむぎとろ膳」は２４５０円。ほかにも季節限定メニューとして、春・夏野菜、若鮎、きのこなどの季節感あふれる食材を使った料理が提供される。不定休なので、事前に電話で確認を。

そば

## つたや

DATA

八王子市高尾町2466　☎042-661-2427
営11:00～16:00(土日祝日は17:00)
休不定休
P5台

### 鉄板のとろろメニューのほか 季節限定料理も盛りだくさん！

昭和元年の創業当時から、伝統の味を守り続けている老舗のそば処

地図❷

すりおろした自然薯は淡いあずき色で濃厚。「自然薯そば」(1,380円)

季節の名物料理と手打ちそばが味わえる川魚とそばの店。自然薯を使った「自然薯そば」や、「きゃらぶき」「季節のおひたし」など、高尾山ならではの山菜料理が楽しめる。中でも「天狗の耳たぶ（キクラゲ）」を使ったそばや天ぷらは人気がある。また、川魚料理「岩魚の塩焼き」（１匹８８０円）なども味わうことができる。

そば・川魚料理

## 栄茶屋(さかえちゃや)

DATA

八王子市高尾町2479　☎042-661-0350
営11:00～(季節により変動)
休不定休
Pなし

### 皮に豊富な栄養がある 自然薯《じねんじょ》を使ったそばが人気

登山の疲れを旬の料理と香りのよい手打ちそばで癒してくれる

そば

## 紅葉屋本店（もみじやほんてん）

地図❸

DATA

八王子市高尾町2208　☎042-661-2012

㊖11:00～16:00（ラストオーダー15:30）

㊡火曜（臨時休業あり）

Ⓟなし

### とろろ本来の味を提供
### ごろっと大粒の焼き栗も人気！

明治27年創業。古くから名物「とろろ蕎麦」をのれんに掲げている。混ぜ物を使わずとろろ本来の味、旨味をそのままに提供。人気ナンバー1は写真の「冷やしとろろそば（うずらの卵つき）」。うずら卵を溶き、混ぜ合わせてご賞味あれ。また、店内で焼きあげる和栗「銀寄せ」を使用した「焼き栗」（1袋5～6個入り550円～）も人気だ。

店内には川の流れが見える座敷もある

とろろのコクを楽しめる「冷やしとろろそば（うずらの卵つき）」（1,050円）

そば

## 高松屋（たかまつや）

地図❹

DATA

八王子市高尾町2205　☎090-4675-1316

㊖11:00～16:00

㊡金曜（その週に雨が降ったら金曜も営業）

Ⓟ4台

### 水とそば粉にこだわりがある
### 手打ちそばの老舗

ケーブルカー清滝駅の向かいにあるお店。高尾山のわきを流れる清らかな水を使って作られる二八そばを味わえる。写真の「冷やし天トロロそば」の天ぷらは、エビは通年だが、野菜は季節の旬を提供。春はヨモギ、ふきのとう、みつば。秋は長芋、かぼちゃ、にんにく、梅などに舌鼓。おでんやわらび、山ウドなどの一品料理もそろう。

もみじ広場の登山口寄りに店を構える。創業100年を超える老舗

旬の天ぷらを楽しめる「冷やし天トロロそば」（1,145円）

そば

## 高尾山 髙橋屋（たかおさん たかはしや）

地図❺

DATA

八王子市高尾町2209　☎042-661-0010

㊖平日10:00～17:00（ラストオーダー16:30）

土・日・祝日10:00～17:30（ラストオーダー17:00）

㊡不定休（夏・冬に各7日間休み）　Ⓟ2台

### 参道に面した和風の大きな店構え
### そばのほか丼ものやつまみも充実

樹齢150年余の柿の大木が、お店の屋根から突き抜けて生えているのが目印。創業は天保年間（1830～43年）で、参道にあるそば屋の中では最も古いそば店だ。そばは、そば粉6割を、とろろと上質粉で練り機械打ち。「大和芋のねばり」と「長芋のとろみ」を同割りで合わせ、味つけしたとろろと一緒に召し上がれ。

そばをはじめ、柿を使った甘味など、独自の素材を趣向をこらして用意

「とろろそば」（1,000円）は、温・冷から選ぶことができる

そば

## 飯島屋（いいじまや）

DATA

八王子市高尾町2477　☎042-661-5960
㊒11:00～16:00（売り切れ次第終了）
㊡不定休
Ⓟ4台

### 具だくさんの「たぬきトロロそば」。カリカリの揚げ玉が香ばしい

4代にわたって50年以上続く店。表参道に面している

そば屋が立ち並ぶ一角で、白い建物が目印。名物は「たぬきトロロそば」。たっぷりの揚げ玉がアクセントとなり、カリカリと香ばしい食感。青海苔が乗るとろろはふっくらとして口当たりがマイルド。卵黄の黄色と青海苔の緑色も目にも楽しい。隠れた人気が「お1人様席」。1人旅のハイカーも気兼ねなく立ち寄れると好評だ。

地図❻

具だくさんで見た目も楽しい「たぬきトロロそば」（900円）

そば

## 橋詰亭（はしづめてい）

DATA

八王子市高尾町2476　☎042-661-8420
㊒11:00～17:00（季節・天候により変更）
㊡金曜
Ⓟ4台

### ふんわりとろろメニューのほか定食、おでん、丼ぶりものなども

そばのほか、みそおでん（430円）、かつ丼（1,100円）なども

表参道に店を構え、創業は明治45年。小上がりの座敷席が6卓、中央にテーブル席がある。高尾山の良質な水を使って丁寧に打たれたそばは、のどごしが最高。人気の「とろろそば」（950円）や「山菜とろろそば」（1100円）、「天とろろそば」をはじめ、定食もそろえる。「とろろ定食」、「野菜天ぷら定食」（各1100円）は、そばかうどんを選べる。

地図❼

鮮やかでお月見に仕立てられる「天とろろそば」（1,200円）

会席料理・そば

## 琵琶家（びわや）

DATA

八王子市高尾町2470　☎042-661-0053
㊒11:00～18:00
（ラストオーダー以降は予約のみ）
㊡不定休　Ⓟ50台　送迎あり

### 会席コースからそば、一品料理まで各種取りそろえ

一見敷居が高そうだが、ハイカーにも絶大な人気を誇る

ホタルの舞い、かじかがえるの鳴く清流のほとりで心のこもったおもてなし。大正3年創業、百有余年の歴史を刻む料亭のそば。すべて国産のそば粉を使い、注文ごとに製麺して茹で上げる十割そばは、こしとつやが自慢。日本料理の職人の揚げるカリッとした大えび天ぷらと、とろろいも付きの「大海老天とろざる」が好評だ。座敷席も（要予約）あり。

地図❽

十割そばの「大海老天とろざる」（1,430円）

そば

## 竹乃家支店(たけのやしてん)

DATA

八王子市高尾町2405　☎042-661-5614
営11:30～16:00(日・祝は17:00まで)
休火曜(水曜休みの場合もあり)
P10台

### そばにとろろ芋を練り込み のどごしと食感に優れる

甲州街道(国道20号)沿いにあり車で立ち寄りやすい

表参道にあった本店の「元祖トロロそば」を受け継ぐ支店。高尾山の麓からは少し歩くが、甲州街道沿いにあり駐車場も完備、ドライバーにとっての憩いのお店だ。そばにとろろ芋を練り込んであるのが特徴で、のどごしと食感が自慢。写真の「天トロロそば」を筆頭に、「天ざるそば」（1050円）、「トロロそば」（850円）など種類も豊富だ。

地図9

青海苔が食欲をそそる「天トロロそば」(温1,100円、冷1,200円)

会席料理・そば

## 橋本屋本店(はしもとやほんてん)

DATA

八王子市高尾町2292　☎042-661-0032
営11:30～(売り切れ次第終了)
休不定休
P20台　送迎あり(要予約)

### 北海道産の石臼挽きそば粉を使用。割烹ならではの上品な味わい

明治23年創業の割烹。高級感が漂い、仲居さんも着物姿だ

そば粉8割、つなぎ2割で仕上げた自家製「二八そば」は、のどごしが爽やかでコシもしっかり。素材へのこだわりと、そば粉の持ち味を生かし、丹精込めて仕上げられる。そばつゆは、だしの効いたすっきりとした味わい。利尻昆布と宗田鰹、ムロ鯵を使った独自の調合で、そば本来の美味しさが一層引き立てられる。コース料理は予約のみ。

地図10

そばをメインに旬の食材を活かした会席料理(5,500円から)

そば・おみやげ処

## 日光屋(にっこうや)

DATA

八王子市高尾町2264　☎042-663-9008
営9:30～16:30(ラストオーダー16:00)
休水曜(祝日の場合木曜)
P2台

### とろろ芋の天ぷらは食感がシャキシャキで歯ごたえがよい

食堂とおみやげ屋が半分ずつ。店内は4～6名がけテーブルが並ぶ

平打ちのそばは、そば粉、小麦、とろろを、6対3対1の割合で調合したもの。とろろ芋の短冊切りを磯辺巻きにし、天ぷらとセットにした「とろろ芋の天ぷらそば」が人気だ。天ぷらは仕上げに青海苔がかかっており、スナック感覚で美味。12月上旬～3月中旬には、期間限定の「自然薯そば」（970円）も提供される。

地図11

好みに応じて温、冷が選べる「とろろ芋の天ぷらそば」(880円)

食事処

## 稲毛屋支店（いなげやしてん）

DATA
八王子市高尾町2280　☎042-661-8231
㊡9:00～17:00
㊡金曜（臨時休業あり）
Ⓟなし

### 昔懐かしい雰囲気の食事処。揚げたてのカツ丼が人気！

気軽に立ち寄れるアットホームな食事処。高尾山の常連も通う

地図⑫

揚げたての「カツ丼」（850円）。ボリュームも大満足!

昭和の感覚を残すノスタルジーな食事処。京王線高尾山口駅にほど近く、駅舎を背にして駅前広場に立つと、正面左手に店が見える。「つけとろそば」「とろろそば」（各800円）などのそばはもちろん、丼ものも用意。カツは注文を受けてから揚げるため時間はかかるが、とてもジューシー。このカツ丼を目あてに訪れるファンもいる。

---

そば

## にいの

DATA
八王子市高尾町2227　☎042-661-5973
㊡11:00～17:00
㊡金曜、悪天候時
Ⓟなし

### 自家製そばはもちもちした食感。高尾山では珍しくうどんもある

川沿いの通りにあり、景観を楽しみながら食事ができる

地図⑬

シーフードの旨味を凝縮した「かき揚げそば」（970円）

大きく開いた窓からの眺めが美しいお店だ。自家製のそばは、やや細めでもちもちした食感が病みつきになる。写真の「かき揚げそば」のかき揚げには、海老やいかがふんだんに使われ、サクサクとした感触がそばとマッチしている。また、高尾山には珍しくうどんが用意されているのも出色。そば・うどんが各15種類ほどありメニューも豊富だ。

---

イタリア料理

## Fumotoya（ふもとや）

DATA
八王子市高尾町2241　☎042-667-7568
㊡11:00～17:30（土日祝日は10:00～18:30、季節により変更あり）
㊡不定休　Ⓟあり

### ピッツァやジェラートを食べて無料で足湯に浸かろう！

高尾山口駅直結だから、早朝登山組から、夕方下山組まで利用しやすい

地図⑭

「とろけるモッツアレラチーズと採れたてバジルのピッツァ」（1,760円）

京王高尾山口駅に隣接するイタリアン。こだわりは500度の石窯で焼かれる「ナポリ風ピッツァ」。高温でパッと焼き上げるから縁はふっくら、中はパリッと仕上がる。ピザかパスタを注文すると、サラダ、前菜、スープのビュッフェ、ドリンクバーが付いてくる（90分制1760～1980円）。また、飲食すると無料で「足湯」が利用できる。

# 新たな店もオープン！「甘味処・カフェ」
## 登山の疲れを癒してくれるスイートなデザートはこちら！

地図⑮

案内川に面して立地。イートインコーナーもある

甘味処

### 千代乃家（ちよのや）

DATA
八王子市高尾町2477　☎042-661-4118
㊢10:00～17:00頃
（酒まんじゅうは売り切れ次第終了）
㊡不定休　Ⓟなし

**手作り酒まんじゅうが絶品。「カキ氷」は綿のように溶ける！**

「酒まんじゅう」と「そばだんご」は各140円。「カキ氷　あずき抹茶ミルク味」は（650円）

手作り酒まんじゅうをメインにあつかう甘味処。麹と小麦粉からなるふわふわの生地はもちろん、あんこも自家製。小豆、三温糖、塩のみを使用し、保存料などは一切使用していない。そのほか「そばだんご」「もみじ焼饅」「黒糖まんじゅう」も販売。「カキ氷」は堅い氷と独特の刃のコンビが生み出すふわふわの食感が病みつきになる。

甘味処

### 甘味 有喜堂（かんみ ゆうきどう）

DATA　地図⑰
八王子市高尾町2478　☎042-661-0048
㊢10:00～16:00　㊡季節により変更
Ⓟあり（有喜堂本店 工場店の駐車場を利用）

**まんじゅうを買うとお茶をサービス**

甘さを抑えたあんこに、フルーツと餅を添えた「あんみつ」（550円）

あったかい「おしるこ」（500円）も人気メニューと

小あがりとイス席でくつろげるイートインの甘味処。店先にあるイスでセルフサービスのお茶を飲みながら、上品な甘味を味わうこともできる。提供される寒天、餅、あんこなどはすべて自家製だ。メニューはすべて売り切れたら終了となる。売店には蒸し器があり、ほくほくの湯気が立ち上っている。

甘味処

### 有喜堂本店 工場店（ゆうきどうほんてん こうじょうてん）

DATA　地図⑯
八王子市高尾町2747　☎042-665-2151
㊢9:00～17:00
㊡年中無休（12月26日のみ休み）　Ⓟあり

**まんじゅうを買うとお茶をサービス**

「高尾まんじゅう」（1個110円）。振る舞われるお茶とともにどうぞ

今の店主は4代目。代々伝わる甘味を抑えた素朴な味を貫く

表参道の中ほどに位置する有喜堂の工場店。写真の「高尾まんじゅう」は、茶色がつぶあん、白色がこしあん。バラ売りを買うと、無料でお茶が振る舞われるサービスを実施している。ほか、「栗蒸しようかん」「ねり羊かん」などを販売（各1本950円）。高尾山薬王院参拝のおみやげとしても人気を集める。

地図⑱

カフェ

## 高尾山カフェ ぶなの木（ぶなのき）

DATA

八王子市高尾町2076　☎042-673-3525
㊖11:00〜17:00
㊡日・月・火曜日
Ⓟあり　https://cafebunanoki.tokyo

### ナチュラルな雰囲気の中で、ゆったりと過ごせるカフェ

店内からの四季の眺めは至福のひと時を過ごせる。約10席のほかにテラス席もあり

京王高尾山口駅から徒歩約2分。花に囲まれた隠れ家的なカフェ。ハンドドリップコーヒーや紅茶にワッフルをはじめ、各種タルト、ロールケーキ、スコーンなど、手作りスイーツが並ぶ。ランチは季節のキッシュのほか、グラタンやガレットなど。サラダやパン、スープなどが添えられる。香り製品の使用については来店前にＨＰで確認を。※

さくさくとした生地が楽しめる「キッシュプレート」（850円）

※すべてのお客様においしく召し上がっていただくために、ご来店に際し、香料など香り製品の使用をご遠慮いただいております。

地図⑲

カフェ

## Cafe Mariposa（カフェ マリポーサ）

DATA

八王子市高尾町1783-6　☎080-4372-2374
㊖11:00〜17:00（ラストオーダー16:30）
㊡火・水曜
Ⓟ9台

### パティシエールのケーキが絶品！アルコール類も充実している

スロープ&だれでもトイレもあり、車イスでも来店可能

高尾山口駅の反対側にあり、アサギマダラやオオムラサキなどの蝶も訪れる自然豊かなカフェ。おすすめメニューは、オリジナルの「ねぎみそピザ」（８００円）。また生ビールやグラスワインなどアルコール類も充実している。写真の「ちいちゃんの手作りケーキ」は店専属のパティシエールによるオリジナル。ピザとケーキはテイクアウトもできる。

季節により内容が変わる「ちいちゃんの手作りケーキ」（480円）

地図⑳

カフェ

## TAKAO COFFEE（たかお こーひー）

DATA

八王子市高尾町2400-1　☎042-662-1030
㊖10:00〜18:00
㊡年中無休
Ⓟなし

### 自家焙煎のコーヒーと季節の素材の手作りケーキを提供！

ウッド調のおしゃれな店構え。ドリンクなどのテイクアウト、コーヒー豆の販売も。

店内で丁寧に焙煎する本格コーヒーが味わえるカフェ。ブレンド４種類（４９５円〜）、シングルオリジン９種類（６６０円）をはじめ、エスプレッソ、カフェオレなどメニューも豊富だ。季節の素材を使った手作りケーキ「ＴＯＤＡＹＳ ＣＡＫＥＳ」（７７０円〜）や、八王子の牧場「磯沼ファーム」の牛乳で作るソフトクリーム（５５０円）もおすすめ。

「TODAYS CAKES」のマロンケーキ（770円）、「やまびこブレンド（M）」（605円）。

# 登山記念に買いたい！「おみやげ処」

## これを買えば絶対喜ばれる高尾山のおみやげ処を全公開！

おみやげ処

### 四季の桜（しきのさくら）

地図㉑

DATA
八王子市高尾町2208　☎042-663-6808
㊒10:00～17:30（季節によって変更）
㊡不定休（雨天休業）
Ⓟなし

お洒落でかわいいお店。山ガールもよく立ち寄る

**オリジナル商品をあつかうお洒落な雑貨屋さん**

食品からオリジナル雑貨まで100種類以上もの商品をあつかう。高尾山で開催されるイベント「高尾山クラフトビア&ギア」で販売されるクラフトビールも販売。高尾山麓で作られる「高尾ビール」をはじめ、常時10種類前後が並ぶ。地元のハム工房「ブラウエンベルグ」と「高尾ビール」がコラボしたハードサラミもおすすめ。

季節ごとにさまざまな味が登場する「高尾ビール」（660円）とハードサラミ（4本入り900円）

おみやげ処

### つぼ萬（つぼまん）

地図㉓

DATA
八王子市高尾町2478　☎042-663-0061
㊒10:00～17:00
㊡不定休　Ⓟなし

**漬物が所せましと並べられている専門店**

国産原料にこだわり、味、彩りに気を配っている。季節限定品も人気が高い

漬物のほか、オリジナルの唐辛子なども販売。「柚子とうがらし」（540円）

店頭には常時50種類以上もの漬物が並ぶ専門店。厳選された素材をじっくりと漬け込んだ、懐かしい味わいの品々をそろえる。「もろみ茄子」は540円。熟成させた麦こうじもろみで漬け込んだ刻み茄子は、唐辛子がピリッと利いて食欲が刺激される。地方発送もしてくれるから贈り物としても重宝。

おみやげ処・雑貨

### 楓（かえで）

地図㉒

DATA
八王子市高尾町2241　☎042-665-7818
㊒9:00～17:00
㊡無休　Ⓟなし

**モンベルと提携しオリジナルグッズを販売**

リュックサックや帽子、記念Tシャツをはじめ、ドリンク、おみやげまでそろう

店外では土日祝日限定で、特製醤油だれの「炭火焼団子」（350円）を販売

高尾山口駅の改札を出てすぐ右手にあるショップ。食料品、飲料品、雑貨、おみやげに加え、アウトドアブランドのモンベルと提携し、登山アイテムやハイキンググッズなども販売している。ここでしか買えない高尾山ロゴの入ったタンブラーやサーモマグなどの限定品もある。

地図㉔

## おみやげ処

### 元気堂《げんきどう》

DATA

八王子市高尾町2479　☎042-661-8422
㊜10:00～16:00
㊡不定休
Ⓟなし

#### 醤油煎餅とゴマ煎餅が1枚60円。温かいアツアツをいただこう！

袋詰めされたおみやげ用手焼きせんべいは、1袋各350円

香ばしい焼き立ての香りにつられた人で、店頭がいつもにぎわっている手焼きのせんべい屋。２枚１２０円のお値打ち価格で、醤油２枚か胡麻２枚、あるいは醤油＆胡麻１枚ずつの３パターンを選べる。注文すると温め直してアツアツを紙に包んで手渡される。店の横にあるイスに腰かけていただくもよし、食べ歩きするもよし。

普通サイズのほか、大判の「しょうゆ煎餅」も（100円）

地図㉕

## おみやげ処

### 手焼せんべいくし田《てやきせんべいくしだ》

DATA

八王子市高尾町2478　☎042-667-5313
㊜平日10:30～16:00、土・日・祝日は10:00～17:00　㊡不定休
Ⓟなし

#### 人気のしょうゆせんのほか、季節に合った味を用意

名物「高尾山せんべい」の「揚げせん（しょうゆ味）」（左）と「黒こしょう（塩味）」

備長炭の炎の上で、真心込めて焼き上げる手焼きせんべい専門店。店内に入るとしょうゆのいい香りに包まれる。焼きたてのせんべいはサクサク。一番人気は「手焼き（しょうゆせん）」で、シンプルながらかみしめるほどに味が広がる。名物高尾山せんべいの「揚げせん（しょうゆ味）」（３２４円）、「黒こしょう（塩味）」（３７８円）もロングセラー。

生地には、新潟産のコシヒカリを粗びきにして使用

地図㉖

## おみやげ処・食事

### たこ住《たこずみ》

DATA

八王子市高尾町2479　☎090-9807-7523
㊜土日のみ営業（雨天時休業・臨時休業あり）11:30～17:00（生地がなくなり次第閉店）
Ⓟなし

#### 高尾山の“たこ杉”にちなんだ新名物「山芋たこせん」が人気

高尾山で採れた純粋生はちみつ「高尾の里山蜜」（100g 950円～）

「山芋たこせん」（たこ焼き1個入）150円～。

「山芋たこせん」は山芋を生地に練りこんだふわとろたこ焼きを、サクサク食感のたこせんべいでサンドし、甘口ソースで仕上げた新名物。小腹が空いた時や、食べ歩きに最適だと人気を集めている。高尾山で採れた純粋生はちみつや、多摩の老舗畳店の店主が手作りした畳雑貨などが並ぶおみやげ処「たま屋」も併設している。

多摩地区産の野菜や雑貨など、オリジナルのおみやげにも注目

## おみやげ処

### 滝美屋(たきみや)

DATA
八王子市高尾町2208　☎042-661-0229
㊊10:00〜17:00
㊡不定休
Ⓟなし

定番品をあつかうおみやげ処。ふかしたてのまんじゅうもおすすめ

創業約70年の歴史あるお店。そばや漬物をあつかうおみやげ処。箱詰めの「高尾山まんじゅう」(850円)や、黒豆「天狗さまのへそのゴマ」(600円)などが定番品。また店の中央では、木枠の蒸し器で黒糖とよもぎのまんじゅうを仕込み中。小ぶりで各100円。1個からできたばかりのふかしたてを買い求めることができる。

地図27

ふかしたてまんじゅうの湯気に誘われて入店する人も多数

所せましと並べられた高尾山にまつわるおみやげのエトセトラ

## 食料品・雑貨

### 峯尾商店(みねおしょうてん)

DATA　地図29
八王子市高尾町2293　☎042-661-9045
㊊8:30〜19:00　㊡火曜　Ⓟなし

創業は昭和46年。「裏高尾するさしの豆腐」を目当てに訪れる人が後を絶たない。「もめん豆腐」(140円)、「寄せ豆腐」(240円)などが売れ筋。また11〜5月の冬の間には、八王子産の長芋を直売している(値段はサイズによる)。

青い看板が目を引く

## おみやげ処・雑貨

### こみや商店(こみやしょうてん)

DATA　地図28
八王子市高尾町2225　☎042-661-0372
㊊9:00〜16:30　㊡不定休　Ⓟなし

漬物のバリエーションが豊富な店。佃煮や民芸品などもあつかうほか、四季折々の山の幸をおもに販売している。高尾山で採れる春のふき、秋のきのこなどが人気。テンガロンハット(850円〜)などもあつかっている。

昔ながらの店構え

## おみやげ処

### 鳥菊商店(とりきくしょうてん)

DATA　地図31
八王子市高尾町2431　☎042-661-2658　㊊9:00〜17:00(土日祝は8:30〜)、10:00〜16:00(冬期)　㊡不定休　Ⓟなし

オレンジ色の濃淡ストライプが目印。約75年の歴史を刻む老舗おみやげ処だ。わらじ形のビッグサイズ「わらじかりんとう」(480円)は、パリパリとしたせんべいのような歯ごたえ。職人の作った飴細工をお弁当に仕立てた「お弁当飴」(580円)も人気。

テレビでも紹介された老舗

## おみやげ処

### 琴清屋(きんせいや)

DATA　地図30
八王子市高尾町2479　☎042-661-6137
㊊9:30〜17:00(季節により変更あり)　㊡無休　Ⓟなし

表参道のほぼ中間にあるお店。山菜や漬物、せんべい、玩具、天狗グッズなどさまざまなおみやげが店内に並ぶので、家族連れにも重宝される。「にんにくせんべい」(540円)や、「高尾山クリームサンド」(540円)などがロングセラーだ。

約50種のおみやげを用意

おみやげ処

## 小宮商店(こみやしょうてん)

DATA
八王子市高尾町2208　☎042-661-5368
営9:00～17:00
休不定休
Ⓟなし

### さまざまなおみやげがそろう店。人気の漬物やせんべいも充実

気さくな店主と奥さまが対応してくれる

ムササビ像の向かいにある店。漬物やお菓子、玩具など、高尾山にちなんだおみやげが勢ぞろい。看板商品は、きくらげとしその実を丁寧に煮込んだ「うま煮しぐれ」。ほんのり甘めのしょうゆ味で、炊き立てのご飯との相性が抜群。「高尾山きゃらぶき」（650円）も人気がある。また、登山用の杖なども常備している。

地図32

人気の「うま煮しぐれ」は380円（小）、540円（大）

おみやげ処

## 末広亭(すえひろてい)

DATA　地図34
八王子市高尾町2208　☎042-661-2654
営11:00～17:00　休不定休　Ⓟなし

創業昭和2年、現在３代目の主人が営む歴史あるおみやげ処。まんじゅうや漬物など品数豊富だ。その中でも自然薯を練りこんだ「自然薯そば」（700円）がご主人のおすすめ。「高尾山カステラまんじゅう」（650円）、「高尾せんべい」（830円）も人気。

「清滝駅」のすぐそば

おみやげ処

## たかはし(たかはし)

DATA　地図33
八王子市高尾町2208　☎042-661-6137
営10:00～17:00　休不定休　Ⓟなし

お菓子、キーホルダー、天狗のお面など、高尾山関連のおみやげを販売。「高尾せんべい」（380円）、「黒まんじゅう」（540円）、「たまりたけのこ」（540円）などが人気商品。「TAKAO&SUMIRE」のTシャツは2,500円で販売している。

「天狗のお面」は1,300円

おみやげ処

## 売店やまゆり(ばいてんやまゆり)

DATA　地図36
八王子市高尾町2205　営9:00～16:00
休年中無休　Ⓟなし

ケーブルカー清滝駅改札の横にあるお店。高尾登山電鉄が経営する売店で、さまざまなアイテムをあつかう。名物の「天狗黒豆まんじゅう」は6個入り660円、10個入り1,100円。Tシャツをはじめとした高尾登山電鉄オリジナルグッズも人気。

清滝駅利用者が集う

おみやげ処

## 島田商店(しまだしょうてん)

DATA　地図35
八王子市高尾町2205　☎042-661-7861
営9:00～17:00　休不定休　Ⓟなし

店内は広々としたレイアウトで、大勢での買い物に便利。外国人客もにぎわう。「高尾山きゃらぶき」（650円）、「からしなす」（560円）などの漬物が人気。銘菓「生姜せんべい」「みそせんべい」「しそせんべい」（各320円）などをそろえる。

天狗ののれんが目印

# 編集部厳選！「高尾山みやげ」

## あの人に買って帰りたい 高尾山の思い出が詰まった品々

### 高尾せんべい

小麦粉、砂糖、卵をベースにした素朴な味わい。5枚入りのプチサイズで、個別包装の袋には高尾山のシンボル天狗のイラストが。

●220円（小宮商店、末広亭ほか）

### 手作りクッキー

高尾山カフェ ぶなの木の定番で、素材を生かした無添加クッキー。セサミ、メープル、ラズベリーなど。おもてなしやプレゼントにもおすすめ。

●1袋350円～（高尾山カフェ ぶなの木）

### ムササビのぬいぐるみ

高尾山に生息するムササビをモチーフにしたカワイイぬいぐるみ。ストラップつきだからキーホルダーとしても使える。

●680円（四季の桜）

### 高尾山 わらじかりんとう

わらじ型のビッグサイズ。せんべいのように薄くてパリパリした食感で、コクのある黒砂糖と隠し味のしょうゆの香ばしさが後を引く。

●480円（鳥菊商店）

### 高尾山 お芋パイ

紫イモのペーストを閉じ込めた優しい甘さのパイ。6個入り。人気の天狗のぬいぐるみの原画がデザインされたパッケージもかわいい。

●600円（四季の桜）

### 天狗黒豆まんじゅう

北海道産の黒豆あんを使用。八王子T-1（手土産）グランプリで、最優秀賞と、ご当地感部門賞をダブル受賞した。

●6個入り660円、10個入り1,100円（高尾山スミカ、売店やまゆり、楓）

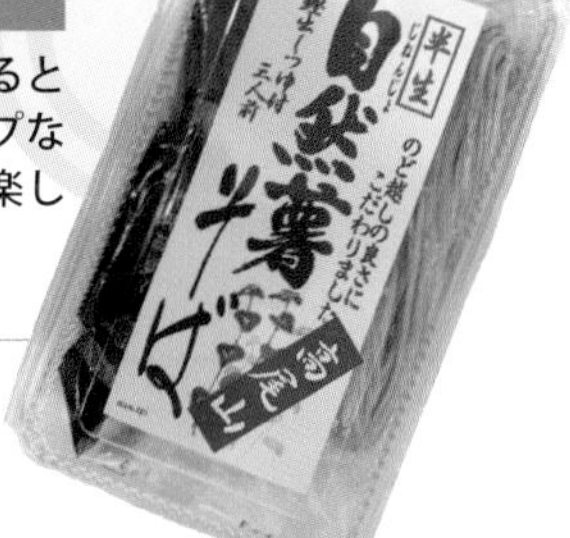


### 高尾山 自然薯そば

自然薯を練り込んだ、つるつると喉越しの良い蕎麦。半生タイプなので、生麺に近い味と食感を楽しむことができる。鰹出しつゆ付き3人前。

●700円（滝美屋、末広亭、小宮商店ほか）

## 高尾山 天狗焼

販売を開始して以来、愛され続ける名物。北海道産の黒豆を使用し、手焼きにより丹念に仕上げられる。

●150円（高尾山スミカ）

## 高尾山 天狗さまのへそのゴマ

北海道産の上質な黒豆と砂糖だけを使った甘納豆。黒豆にはカルシウム、鉄分などの栄養がたっぷり含まれている。

●600円（滝美屋、ほか）

## 高尾山 きゃらぶき

国内産のふきを使用。しょうゆで煮たやわらかくて、おいしいつくだ煮。あたたかい御飯にピッタリ。

●650円（琴清屋、末広亭、島田商店、小宮商店、たかはしほか）

## 高尾山 天狗カレー

馬肉と鹿肉を入れて煮込んだ野趣あふれるカレー。噛みしめるほどに広がる肉のうまみと、程よい辛さのスパイスがベストマッチ。

●570円（末広亭）

## チーズタルト

北海道産、フランス産、デンマーク産の3種類のチーズをブレンドした濃厚チーズタルト。クリスピーなタルトとふわふわなチーズムースのコンビネーション。

●1個250円、6個1,500円（高尾山スミカ）

## 酒まんじゅう　そばだんご

甘味処千代乃家が販売する自社製造の酒まんじゅうとそばだんご。お得なセットやおすすめのおみやげも取りそろえる。

●酒まんじゅう140円、そばだんご150円（千代乃家）

## 高尾ポテト

八王子手土産グランプリ最優秀賞を受賞した、無添加手作りのスイートポテト。プレーン3個、ごま1個、皮付き1個の3種類入り。

●5個入り1,423円（楓）

# ここでほっと一息「休憩・食事処」

## 天狗焼、だんご、そば、ラーメン……グルメが目白押しの中腹エリア

標高約500メートル地点、ケーブルカーの高尾山駅を降りてすぐにある展望レストラン。視界がいい日には、遠く筑波山から都心をはさんで湘南江ノ島まで一望できる。クラフトグリルを使った「BBQマウント」（セット3700円〜）やラーメンやピザなどのフードコートも充実している。山の中のビアガーデンとして有名な「高尾山ビアマウント」は、夏季限定の営業。

食事処

### 高尾山展望レストラン（高尾山ビアマウント）

DATA
八王子市高尾町2181　☎042-665-8010
㊔フードコート10:30〜17:00
　高尾山BBQマウント11:00〜17:00
(季節、曜日により変更)
㊡無休（荒天時除く）

本格的な味を楽しみながら、テラス席から絶景を望む

30センチのロングソーセージを使用した「天狗ドッグ」（600円）

「高尾山ビアマウント」は、6月中旬〜10月中旬に開催

食事・おみやげ処

### 高尾山スミカ（たかおさんすみか）

DATA
八王子市高尾町2182　☎042-661-4151
㊔10:00〜16:30（冬季は16:00）
㊡無休（荒天時除く）

名物「天狗焼」が買える店。「三福だんご」のご利益も！

ケーブルカー高尾山駅の改札を出てすぐのところにある。名物は「天狗焼」（150円）。ここ「高尾山スミカ」でしか売っていない高尾山一番の名物だ。それと肩を並べるのが「三福だんご」。3個が串刺しになった上から「大福」「幸福」「裕福」の願いが込められているといい、縁起物として選ばれる。食事処には、そば、うどん、丼ものなどメニューも豊富。

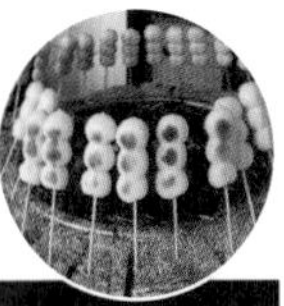

「天狗焼」は累計販売数500万個を突破。「三福だんご」（350円）で3つの福を丸かぶり

店の付近では「天狗焼」や「三福だんご」の焼けるいい匂いがする

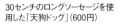

## 食事・おみやげ処

### 十一丁目茶屋（じゅういっちょうめちゃや）

DATA
八王子市高尾町2179　☎042-661-3025
㊢10：30～16：00
㊡不定休

**焼きたてだんごに舌鼓。眺望も抜群のロケーション！**

創業は明治32年。広い店内にはテーブル席、座敷を用意

薬王院から十一丁目（約1・2キロメートル）にあたる地点というのが店名の由来。ケーブルカー山頂駅のすぐ近くにあり、店内やテラス席からは東京方面、横浜、江ノ島まで見渡せる。だんごは注文を受けてから焼くので、外はカリっと中はもちもち。店頭でも焼きたてのだんごが買えるので、ほおばりながら山頂を目指すのもいい。

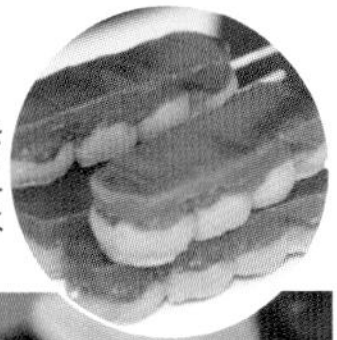

みたらしの「焼きだんご」とあんこの「甘だんご」は3本450円

●たこ杉

●浄心門

●男坂・女坂

## 食事処

### ごまどころ 権現茶屋（ごまどころ ごんげんちゃや）

DATA
八王子市高尾町2177-2　☎042-661-2361
㊢11:00～16:00（店頭は10：00～、季節により変更）　㊡不定休（悪天候の場合は休業）

**お寺の「護摩焚き」にかけた炭火焼きの「ゴマだんご」が名物**

串の根元を切って手渡される「ゴマだんご」は、「串（苦死）を切る」という意味

高尾山薬王院への参拝客をおもてなしする接待茶屋。名物は1串に2300粒ものごまが練り込まれたゴマだんご。「黒ゴマだんご」、「金ゴマだんご」の2種類があり、タレは醤油。ほかにも、人気の「東京みたらしだんご」、「江戸甘味噌だんご（くるみ入り）」（各400円）もあり。また、「八王子ラーメン」（850円）や「自然薯ラーメン」もおすすめだ。

炭火で焼く「ゴマだんご」は香ばしくてモチモチ。店内では「自然薯ラーメン」（1,050円）も

# 景色を一望しながらいただく絶品料理！「山頂飯」

## 山頂

### 高尾山・小仏城山 景信山・陣馬山

食事処

## やまびこ茶屋（やまびこちゃや）

DATA

八王子市高尾町2176　☎042-661-3881
㊎10:00〜15:00（ランチ営業、日曜営業）
㊡不定休

### 名物のとろろそばをはじめ カレーやおでんなどメニュー充実

1945年創業。山頂の北側の静かな場所にある。店主の松村高雄さん

眺めのいいテラス席が評判。大和芋を皮ごとすった「とろろそば」（1050円）が名物で、多い時は日に300杯も出る。写真の「カレーライス」は何種類ものスパイスを使うこだわりの特製。ほどよい辛さで子どもから年配者まで幅広くいただける。

「カレーライス」（900円）。「風味おでん」（600円）、「山菜きのこ汁」（400円）なども

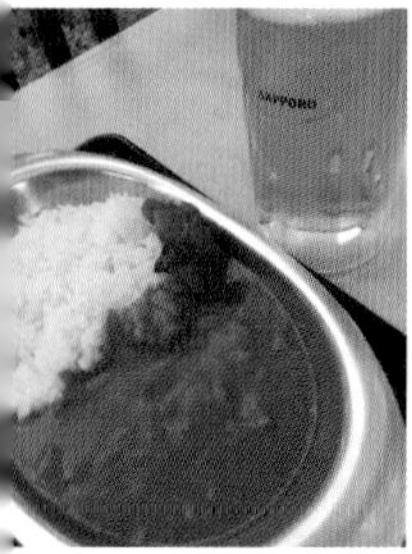

食事処

## 大見晴亭（おおみはらしてい）

DATA

八王子市高尾町2176　☎042-661-3880
㊎10:00〜15:00
㊡不定休（悪天候の場合は休業）

### 富士山を拝みながらいただく 雲海をイメージしたとろろそば

店内から霊峰富士を眺められるテーブル席がある。店主の永浜多摩子さんと彩さん

高尾山でいちばん標高の高い場所にある。そばは田舎風の「乱切り麺」を、だし汁には「荒削りさば節」や「宗田鰹節」などを使用。名物「とろろそば」には青のりがあしらわれ雲海がイメージされている。なめこを使った「なめこそば」は920円。

「とろろそば」（1,070円）。さば・宗田鰹の厚削り、日高こんぶのだしを使用

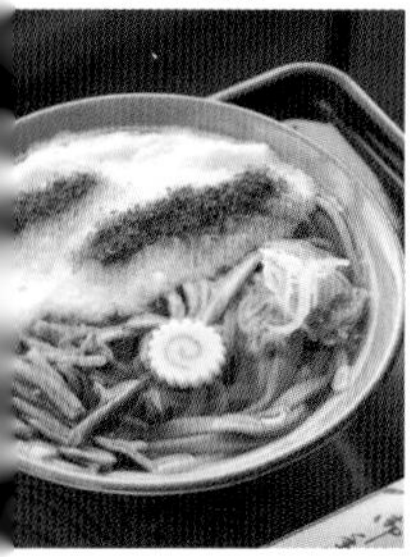

景信山山頂

## 三角点 かげ信小屋（さんかくてん かげのぶごや）

DATA

☎042-661-2057
㊎土・日・祝日　9:00〜15:00

景信山頂の三角点近くにある茶屋。「大瓶ビール」（700円）と揚げたて「野草の天ぷら」（400円）との組み合わせが鉄板。

景信山山頂

## 景信茶屋 青木（かげのぶちゃや あおき）

DATA

☎080-6559-9546　㊎9:00〜14:00（冬期は13:00）　㊡月曜〜金曜

景信山頂の茶屋。「なめこ汁」（300円）は味噌仕立ての汁に大きめのなめこがたっぷり。「山菜天ぷら」（400円）は塩や醤油でいただく。

「山菜天ぷら」

小仏城山山頂

## 城山茶屋（しろやまちゃや）

DATA

☎042-665-4933
㊎9:00〜17:00　㊡不定休

三代にわたり70年以上続く老舗茶屋。名物「なめこ汁」（300円）は、シーズン中は平均して200〜300杯ほど出るという。

「おでん」（500円）

## 食事処

### 曙亭（あけぼのてい）

DATA
八王子市高尾町2176　☎042-663-1386
㊒10:00～15:00
㊡不定休（悪天候時は休み）

**太麺と細麺のコンビネーション 鰹の効いただしとよく合う！**

展望台に最も近い山頂エリアにある赤い屋根の店。「とろろそば」は、太麺と細麺を混ぜ合わせた独特の食感。不揃いの田舎風そばのこしと、鰹で取っただしのつゆがよく絡む味わいだ。ほかにも、山菜やなめこのそば・うどん（各９００円）、「おでん」（６００円）などを用意。アルコールにはビールのほか、清酒「高尾山」（４００円）なども。

「とろろそば」（1,100円）。冷・温を選べる。うどんにも変更可。お酒も各種取りそろえている

外のテーブル席から富士山を眺めながら食事ができる。店主の高城正弘さん

## 食事処

### 細田屋（ほそだや）

DATA
八王子市南浅川町4225　☎042-661-5999
㊒10:00～15:00（土日祝日は9:30～15:00）
㊡1・2月は休日のみ営業（雨天休業）、不定休（雨天休業）

**具材たっぷりの「なめこ汁」「みそおでん」は自家製みそ！**

もみじ台にある自然豊かな食事処。名物の「なめこ汁」は、具材になめこ、ねぎ、三つ葉をそれぞれふんだんに使った味噌汁。まっ白でふわふわの「とろろそば」は、麺と汁ととろろを一緒にいただこう。また、隠れた人気の「みそおでん」（４５０円）は、自家製みそを使っていて、喉越しがよく美味。

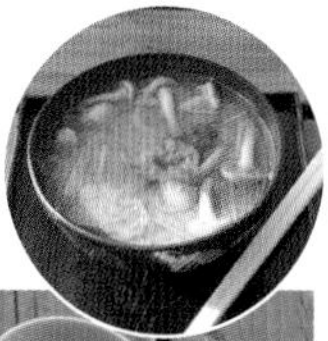

「なめこ汁」は400円。まっ白なとろろに刻みのりを乗せた「とろろそば」は1,000円。冷やしも人気

高尾山頂から徒歩約10分ほどのところにある紅葉の名所。店主の細田昇さん

## 陣馬山山頂

### 信玄茶屋（しんげんちゃや）

DATA
☎042-687-2235　㊒9:00～夕方（季節により変更）㊡月～金曜（祝日の場合営業）

陣馬山頂の茶屋。「山菜そば」「山菜うどん」は各700円。季節限定で「ゆずシャーベット」（300円）なども楽しめる。

「山菜そば」

※団体等は予約すれば平日でも営業

## 陣馬山山頂

### 清水茶屋（しみずちゃや）

DATA
☎042-687-2155　㊒9:00～16:00　㊡無休（悪荒天時は休み）

名物の「けんちん汁」は具だくさんで、しっかりと煮込まれている。「陣馬うどん」（700円）は揚げがとってもジューシー。

「けんちん汁」（600円）
6月～9月中旬は販売休止

## 陣馬山山頂

### 富士見茶屋（ふじみちゃや）

DATA
☎042-687-2733
㊒8:00～夕方　㊡無休

小仏城山の千木良側登山口にある茶屋。「おでん」（450円）、「山菜うどん」（500円）が人気、けんちん汁などもある。夏はかき氷もある。

PART 3

## 飯縄《いづな》大権現《だいごんげん》を祀る古刹

# 高尾山薬王院まるっとナビ

高尾山の山頂近くに伽藍《がらん》を構える高尾山薬王院。歴史からパワースポットまでを完全ガイド。

都心から電車で約1時間、奈良時代の創建を伝える高尾山薬王院有喜寺《ゆうきじ》は、飯縄大権現を本尊として崇め、山岳信仰の霊場として今も修験者が集う。年間300万人が登山に訪れるという、高尾山薬王院の魅力に迫る。

飯

萬民豊楽

# 千年こえる祈りの聖地の歴史

## 高尾山を神仏が住まう聖山として崇《あが》め古き信仰形式を現在にまで伝える

### 中興の祖 俊源《しゅんげん》が感得した神仏融合の飯縄大権現

高尾山信仰の中心、高尾山薬王院有喜寺（以下、薬王院）は、成田山新勝寺《しんしょうじ》、川崎大師平間《へいけん》寺《じ》と並び、真言宗智山派の三大本山の一つに数えられる名刹だ。

信仰の歴史は古く、寺伝によれば奈良時代の天平16（744）年、東大寺造営を担った僧 行《ぎょう》基《き》が薬師如来を刻んで高尾山に安置し、薬王院を開山したとされる。寺名の「薬王」は、行基の薬師如来にちなむという。

南北朝時代の永和年間（1375〜78年）、高尾山に転機が訪れた。京都の醍醐寺から俊源大徳が来山、衰退していた薬王院を、弘法大師が開いた真言密教の寺として再興した。

俊源は激しい修行の末、神仏一体の飯縄大権現を感得する。この神仏がやがて薬王院の本尊となり、今に至る信仰の礎を築いたことで、中興の祖として俊源に寄せる崇敬は篤い。

俊源は修験僧でもあり、入山により、高尾山は山岳信仰に基づく修験道の道場にもなった。

戦国期に入ると、飯縄大権現に対する武神信仰が高まり、相模に拠点を置く北条氏が信奉した。高尾山は甲斐武田領との境に位置し、軍事的要衝としての意味も庇護《ひご》の理由にはあった。

▲大本堂には飯縄大権現の随身、小天狗の面を掲げる

▲同じく大本堂に飾られた、鼻の長い大天狗の面

▲神仏習合時代の名残、注連縄がかかった髙尾山薬王院の大本堂

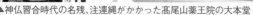

## 神仏分離の難を乗り越え飯縄大権現を守り抜いた

豊臣秀吉によって北条氏が滅ぼされると、庇護者を失った薬王院は荒廃のときを迎えた。

だが、江戸に幕府を開いた徳川将軍家が保護し、再び息を吹き返す。江戸中期には紀州徳川家との関係も深め、寄進を受けることで寺勢は拡大を続けた。

さらに飯縄大権現の霊験が広く一般庶民にも浸透。ご利益を求め、境内は参拝客でにぎわうようになり、関東の大霊場の地位を確固たるものにした。

明治初頭、そんな薬王院に危機が迫る。新政府は神仏分離政策を打ち出し、修験道解体も命じた。修験系寺院のほとんどが国策に沿って神社へと転身するなか、薬王院は孤塁《こるい》を守って神仏習合の飯縄大権現信仰を維持し、難局を乗り切った。

現在、境内に鳥居が立ち、本堂にも注連縄《しめなわ》が張られるのは、神仏習合の古き信仰を伝えるためである。宗教史においても、宗旨を変えなかった薬王院は極めて貴重な存在といっていい。

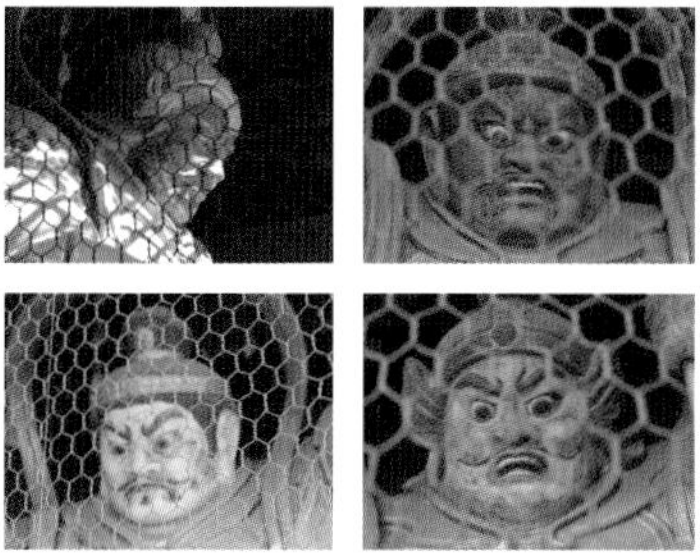

▲伽藍の入口、四天王門に配置された持国天、増長天、広目天、多聞天の仏法守護神

▲四天王門の脇に置かれた、高尾山中興の祖、京醍醐寺から来山した俊源大徳の石像

▲本尊の飯縄大権現を祀る、きらびやかな桃山様式の飯縄権現堂

▲顔は天狗、背中に火炎を背負った異形の飯縄大権現

高尾山薬王院まるっとナビ

# 山上に広がる格式ある大伽藍《だいがらん》

**大本堂と飯縄権現堂を中心に立ち並ぶお堂**
**境内には年間を通じ参詣客が絶えない**

### 不動院
ふどういん

清滝駅前にある別院。体の具合の悪いところを撫でる「なでなで地蔵」も境内にある。高尾山登山の前にはぜひ参拝したい。➡P2 MAP

### 金比羅社
こんぴらしゃ

清滝駅から1号路をたどり金比羅台園地へ。この園地に祠を構え、金比羅権現を祀る。園地からは都心の眺めが素晴らしい。➡P2 MAP

### 神変堂
しんぺんどう

浄心門のすぐ左手にある祠で、修験道の始祖・役行者を祀っている。健脚祈願のスポットとして、手を合わせる参拝客も多い。➡P3 MAP

### 浄心門
じょうしんもん

表参道の1号路にある薬王院の総門。注連縄が張られ、「霊気満山」の扁額が掲げられている。3号路と4号路がここで分岐する。➡P3 MAP

### 仏舎利塔
ぶっしゃりとう

タイ王室から贈られた釈迦の骨＝仏舎利を収めている。塔の前には飯縄大権現が立ち、修験者が護摩を焚く、護摩壇も設けられている。

## 古き信仰を語りかける 山内に点在するお堂や祠

表参道である1号路をたどると、浄心門が立ち、ここから先が高尾山薬王院の聖域になる。

1号路を進み、四天王門をくぐって境内に入ると、お札授与所などが並ぶ広場に出る。薬王院の中心道場、大本堂は広場の一段上。飯縄権現堂は大本堂脇の階段を上がった丘に立つ。

権現堂の上部、境内ではもっとも奥まった地にたたずむのが奥之院不動堂と富士浅間社だ。

以上が主要伽藍《がらん》だが、比較的コンパクトにまとまっているので参詣者も巡りやすいだろう。

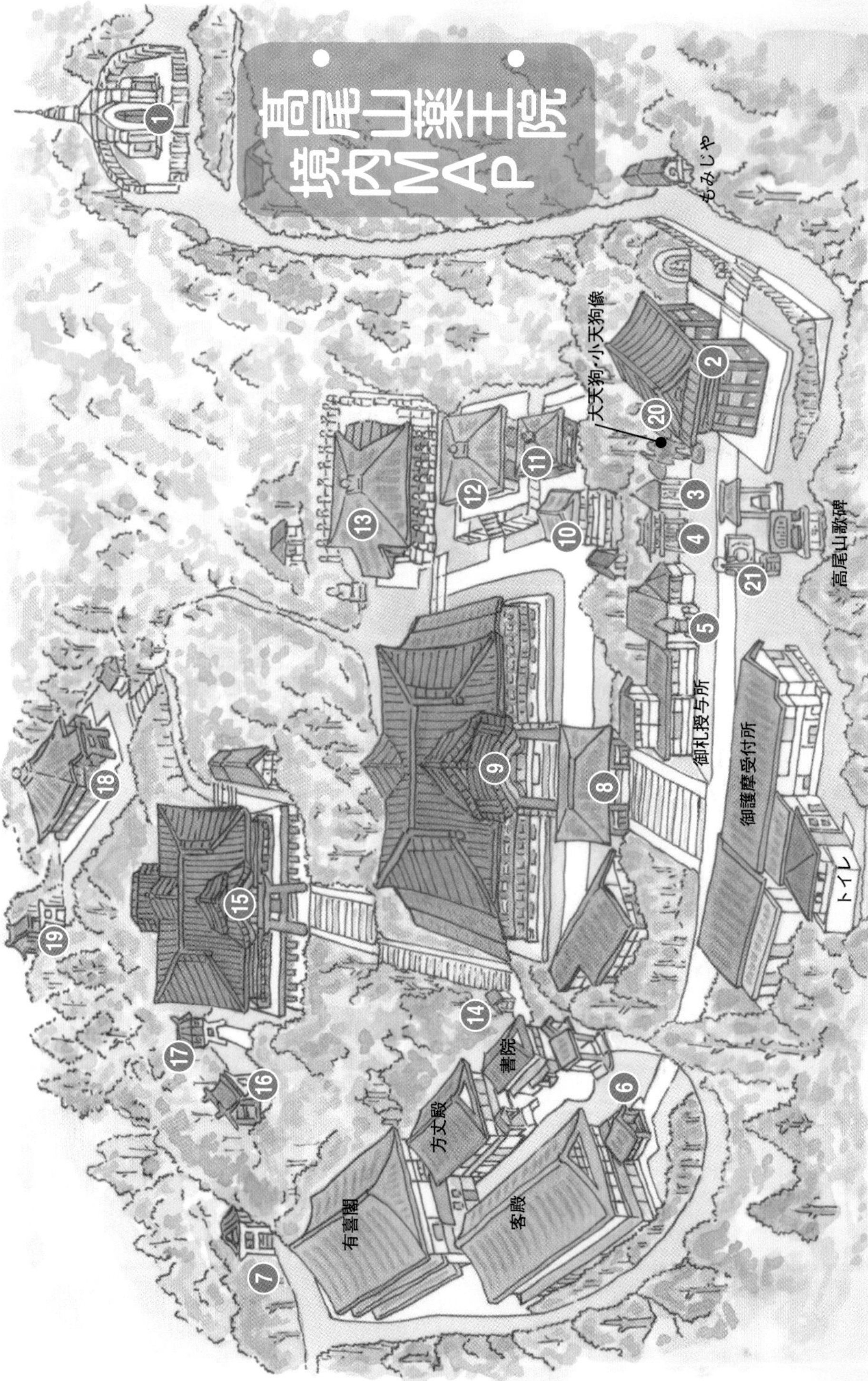
高尾山薬王院
境内MAP
もみじや
大天狗・小天狗像
御札授与所
御護摩受付所
トイレ
高尾山歌碑
書院
方丈殿
有喜閣
客殿

# 江戸時代までの神仏習合の伝統を色濃く残す薬王院の諸堂

## 倶利伽羅堂《くりからどう》

不動明王の智慧の利剣に巻きついた、倶利伽羅龍王。お堂の正面には「結縁」の額がかかり、縁結びのスポットとして、特に女性たちに人気が高い。

## 八大龍王堂《はちだいりゅうおうどう》

四天王と同じく仏法の守護神、八大龍王を祀る。中央に立つ黄金の像は龍工の　神、婆伽羅龍王。堂に湧く水でお金を洗うと、財運が上昇するとされている。

## 四天王門《してんのうもん》

境内の入口に立つ、威厳に満ちた楼門。仏法を守る四天王を配した。門を前にすると、薬王院の寺格の高さが伝わってきて、思わず居住まいを正したくなる。

## 福徳弁財天《ふくとくべんざいてん》

大本坊の裏手、鳥居の先の洞内に弁財天が祀られる。窟外にも琵琶を抱えた弁財天像が安置される。境内から離れた場所に位置するため参拝者も少なく静か。

## 高尾山大本坊《たかおさんだいほんぼう》

客殿、書院、方丈殿、有喜閣からなり、寺務所を含め薬王院のバックヤード的存在だ。なお、精進料理を予約した人は、ここの客殿でいただくことになる。

## 修行大師堂《しゅうぎょうだいしどう》

真言密教の開祖、弘法大師空海を祀り、堂内には行脚姿の空海の木製立像が安置されている。空海の知恵に与りたいと、合格祈願に訪れる受験生は数多い。

## 鐘楼堂《しょうろうどう》

大本堂の右手にある。脇には江戸初期に鋳造された梵鐘も保存されている。そばの石像は、薬王院を開山したという行基菩薩。

## 大本堂《だいほんどう》

本尊飯縄大権現のご宝前で毎日、御護摩修行を行っている。堂の正面左右には大・小天狗の巨大な面もかかる。

## 仁王門《におうもん》

大本堂を守護する朱塗りの門だ。表面には阿形と吽形の一対の金剛力士像、裏面には大天狗と小天狗の立像が配置されている。

### 大師堂《だいしどう》

薬王院にとって宗祖にあたる弘法大師を祀るお堂だ。堂を囲むように、四国八十八カ所霊場と、四国別格二十霊場のコンパクトな巡拝施設が設けられている。

### 聖天堂《しょうてんどう》

夫婦和合や子授けの神仏、歓喜天＝聖天（秘仏）を祀っている。お前立は、歓喜天とは縁が深い十一面観音。毎年9月の第二土・日曜に開扉法要が行われる。

### 愛染堂《あいぜんどう》

大本堂の右手にあり、全身深紅の愛染明王を本尊にする。愛染明王は愛情を司る仏で、良縁成就を祈念するスポットとして、薬王院のなかでも人気が高い。

### 天狗社《てんぐしゃ》

飯縄大権現の眷属（けんぞく）で、高尾山の守り神でもある天狗を祀る。祠の脇に下駄の置物などが置かれるが、足腰の健勝を祈り奉納されたものだ。

### 飯縄権現堂《いづなごんげんどう》

本尊の飯縄大権現（秘仏）を祀った薬王院の中心施設。江戸中期に建てられた権現造の艶やかな社殿で、極彩色の彫刻が施されている。

### 飛飯縄堂《とびいづなどう》

飯縄権現堂に向かう階段途中にある社だ。大火に遭った際、火の玉となって日野まで飛んでいったという伝承が命名の由来。

## 霊験あらたかな飯縄大権現が鎮座する陽光が降り注ぐ伽藍《がらん》

### 富士浅間社《ふじせんげんしゃ》

小田原北条氏が勧請した富士山の神、浅間権現が鎮まる。かつて高尾山は富士信仰と密接な関係があり、この社も大いににぎわった。隣に柴燈護摩壇もある。

### 奥之院不動堂《おくのいんふどうどう》

権現堂上の尾根に立地。薬王院ではもっとも古い、江戸初期に建立されたお堂。室町時代の不動三尊像や、開山した行基、中興の祖俊源の座像が安置される。

### 福徳稲荷社《ふくとくいなりしゃ》

小ぶりな社だが、極彩色の装飾が目を引く。祭神はお稲荷さんで、商売繁盛のご利益から、2月の初午の日には稲荷祭が開かれ、多数の参拝客が押しかける。

髙尾山薬王院まるっとナビ

# 飯縄大権現に諸願成就を祈念

## 眷属《けんぞく》である大天狗と小天狗を従えた俊源が感得した炎を背にする異形の神仏

▶薬王院では毎日、御護摩修行を行い、願い事のある人もこの修行に参加可能

**古くから信仰されてきた薬王院のありがたい本尊**

火炎を背負い、右手に降魔《ごうま》の剣をもつ。顔には鋭い嘴《くちばし》があり、さらに背中には羽が生え、手足には蛇が絡みつく――。

俊源大徳が不動明王に祈念して護摩供秘法《ごまくひほう》を厳修し、護摩供が8000枚に達したとき、突如、出現したのが、この恐ろしい形相の飯縄大権現だった。

不動明王、迦楼羅天《かるらてん》、荼吉尼《だきに》天《てん》、歓喜天《かんぎてん》、宇賀神《うがじん》と弁財天の神仏五相が合体し、それぞれのご利益を併せもつと伝わり、薬王院では本尊にいただいてきた。

開運や家内安全、災難消除、身体健全ほか、古くから諸願成就のありがたい神仏として各層から信仰され、現在においても幅広く崇敬を集めている。

願い事をする際には、まず一礼し、合掌してから「南無《なむ》飯縄大権現」と唱え、飯縄大権現の姿を心に描くといいとされる。

▲境内の御護摩受付所でいただける髙尾山薬王院の御朱印

▲祈願が成就すると杉の苗木を奉納する風習があった。現在は杉苗料を収め、その札が参道に掲げられる

◀四天王門から境内に入り、すぐそばにある手水舎。薬王院は四季を通じ、いつも参拝者が絶えない

# 霊山を彩る厳かな祭事

## 迎光祭、節分会、火渡り祭、稚児《ちご》行列
## 宗教行事が盛りだくさんの薬王院

**多数の参詣者が参集する年間20を超えるイベント**

元旦、午前零時を期し、一年の無病息災と家内安全を祈る特別開帳大護摩供が始まる。高尾山頂では初日の出を拝する迎光祭が執り行われ、薬王院の祭事は、この二つで幕が開く。

にぎやかなのは、芸能人や力士が豆を撒く節分会だ。3月の火渡り祭も盛大で、一般も参加して火の上を素足で歩く。

着飾った子どもたちが稚児行列を繰り広げる、春季大祭と秋季大祭も華やかである。

薬王院では、年間20以上の多種多彩な行事を催している。参加すればご利益が得られ、高尾山の霊験に与れるだろう。

**高尾山薬王院年間祭事**

| | | |
|---|---|---|
| 新年初詣大護摩供 | 正月中 | 薬王院・大本堂 |
| 迎光祭(初日の出) | 1月1日 | 高尾山頂 |
| 節分会(厄除開運) | 2月3日 | 薬王院・大本堂 |
| 初午福徳稲荷祭 | 2月初午の日 | 薬王院 |
| 初甲子(高尾山大黒天祭) | 初甲子の日 | 薬王院 |
| ねはん会 | 2月15日 | 仏舎利塔 |
| 火渡り祭 | 3月第2日曜 | 自動車祈祷殿広場 |
| 滝びらき | 4月1日 | 清滝・琵琶滝・蛇滝 |
| 花まつり | 4月8日 | 仏舎利塔 |
| 春季大祭(稚児練行) | 4月第3日曜 | 薬王院 |
| 高尾山天狗まつり | 5月中旬 | 薬王院 |
| 信徒峰中修行会(夏) | 6月第1土・日曜 | 薬王院1泊2日 |
| 納札供養柴燈大護摩供 | 6月19日 | 自動車祈祷殿広場 |
| 施餓鬼会 | 7月12日 | 別院不動院 |
| 高尾山写経大会 | 7月第4日曜 | 薬王院 |
| 聖天堂開扉法要 | 9月第2土・日曜 | 薬王院 |
| 信徒峰中修行会(秋) | 10月第2土・日曜 | 薬王院1泊2日 |
| 秋季大祭(稚児練行) | 10月17日 | 薬王院 |
| 滝じまい | 10月31日 | 清滝・琵琶滝・蛇滝 |
| 成道会 | 12月8日 | 仏舎利塔 |
| 納札供養柴燈大護摩供 | 12月19日 | 自動車祈祷殿広場 |
| 星まつり | 冬至の日 | 大本堂 |
| 二年参り | 大晦日 | 薬王院 |

▲写真上より／山頂で日の出を迎える元旦の迎光祭／大本堂で開かれる節分会／子どもたちが稚児行列をする春季大祭／4月に滝びらき、10月には滝じまいの祭事が開かれる／秋季大祭でも稚児行列があり、境内はにぎわう／3月の火渡り祭では、火の上を歩いて心身の穢れを祓う

# 開運ご利益スポット巡り

## 縁結びに金運招福、合格祈願、商売繁盛 願い事の間口の広さがうれしい薬王院

### 点在する弘法大師を訪ね 高尾山から霊力をもらう

薬王院はご利益スポットが多く、参詣者の幅広い願いを受け止めてくれる。手軽に祈念できるものがほとんどだが、やや特殊なのが「山内八十八大師」だ。

山中各所に設けられた、88の弘法大師像を訪ねて巡るもので、高尾山がもつ霊力と一体になれると巡拝者には好評だ。

男坂と女坂の間の高台にある、仏舎利塔エリアも、「百観音御砂踏霊場」ほか、ご利益スポットがまとまっている。権現堂周辺に比べて参詣者は少なく、心置きなく祈れるだろう。

### 山内八十八大師《さんないはちじゅうはちだいし》

弘法大師像を巡拝。四国八十八カ所巡りと同等の功徳だとされ、成満するとお札がもらえる。巡拝図は不動院、薬王院の御護摩受付所にて。➡P3 MAP

### 開運ひっぱり蛸《かいうんひっぱりだこ》

根が蛸の足状になった杉の巨木

高尾山駅から歩いてすぐ。根が蛸の足のように曲がったタコ杉の脇ある。撫でて拝むと、人気運が上昇、ひっぱりだこになれるという。➡P3 MAP

### 男坂 108段《おとこざかひゃくはちだん》

表参道にある男坂の段数は、人間の煩悩と同じ108。「南無飯縄大権現」と唱えながら、一段一段を踏みしめながら上れば、心に平安が訪れるとされる。日常生活に苦しみを抱え、悩みをもつ人は、この石段で煩悩を振り払うといいだろう。➡P3 MAP

### 苦抜け門《くぬけもん》

男坂上から仏舎利塔地区に抜ける石段（三蜜の道）があり、その入口に置かれる。石門をくぐれば煩悩が消え、日々の苦しみから抜け出せるという。
➡P3 MAP

## 高尾山薬王院ならではの「体験型」パワースポット

四天王門の先、天狗像の隣にあるのが「六根清浄石車」だ。山内25か所に設置された石車では最大のもので、6回まわすと心身が清らかになるという。

手水舎の近くには「願叶輪潜」もあり、厄除開運を願う人々が石の門をくぐっている。

この広場には八大龍王堂、倶利伽羅堂、修行大師堂といったスポットも置かれるが、「六根清浄石車」「願叶輪潜」同様に、ただ祈るだけでなく、行動をともなう「体験型」なのが特徴。

大本堂の右奥に立つ、大師堂の「四国八十八カ所霊場御砂踏」も体験型で、四国八十八カ所を巡礼したのと同じ功徳が得られるとされ、人気を集めている。

体験型が多いのは、楽しみながら祈念できる工夫で、薬王院ならではの参拝の仕方といえる。

### 仏舎利塔・高尾山百観音御砂踏霊場

ぶっしゃりとう・たかおさんひゃくかんのんおすなふみれいじょう

仏舎利塔を囲んで設けられた、西国と坂東、秩父の計百観音の巡礼が手軽にできるスポット。観音が彫られた柱の下には、各霊場から集めた砂が納められ、踏みながら巡れば、百観音巡りの功徳が得られるという。

### 仏舎利塔・迷散筒

ぶっしゃりとう・めいさんとう

仏舎利塔の前にある。煩悩の三毒である貪《とん》（貪り）、瞋《じん》（怒り）、癡《ち》（無知）の３文字が書かれた中央の黒い筒を回転させ、迷いを晴らして清らかな心を育む。

### 仏舎利塔・十善戒巡り

ぶっしゃりとう・じゅうぜんかいめぐり

仏舎利塔を囲む玉垣の内側に沿い、仏教で守るべき10の戒めを赤字で彫った石門が並ぶ。それを読みながら門をくぐっていき、清く正しく生きる誓いを新たにする。

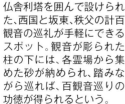

## 八大龍王堂・銭洗い《はちだいりゅうおうどう・ぜにあらい》

お金をザルに入れ、龍王の足元に湧く浄水で洗うと、商売繁盛や金運招福のご利益があるという。清めたお金を納めるお守り袋は、お札授与所で頒布される。

## 六根清浄石車《ろっこんしょうじょういしぐるま》

6つの感覚を
清めて
安寧を得る
六根清浄
懺悔懺悔

六根清浄

六根とは眼、鼻、耳、舌、身、意の6つの感覚。「懺悔（ざんげ）、懺悔、六根清浄」と唱えながら石車をまわすと、我欲が薄まり、心身の安らぎが得られるという。

## 願叶輪潜《ねがいかなうわくぐり》

願叶輪

御護摩受付所の広場にある開運スポット。願いを念じながら飯縄大権現の知恵の輪である石門をくぐり、住所氏名を唱えながら、奥に立つ大錫杖（だいしゃくじょう）の鐘を打ち鳴らす。

## 倶利伽羅堂・諸縁吉祥《くりからどう・しょえんきっしょう》

不動明王の利剣で貪、瞋、癡の三毒を断ち、恋人、友人など、新しいご縁がいただけるという。お札授与所で頒布される赤い糸のついた鈴や五円玉を奉納。

## 修行大師堂・置くとパス《しゅぎょうだいしどう・おくとぱす》

志望校合格や学業成就をお願いする。堂内にある祈願木に氏名を書いて納め、「南無大師遍照金剛」と唱えながら、木彫りのタコの「置くとパス」を持ち上げる。

## 愛染堂・良縁成就

あいぜんどう・りょうえんじょうじゅ

愛情を司る愛染明王に、縁結びを祈願。薬王院にある開運スポットのなかでも人気が高い。お札授与所で、赤い紐のついた5円玉が封入されたお守りを手に入れ、その5円玉を堂の外に設けられた柵に結びつけて願い事をする。

## 福徳弁財天・銭洗い

ふくとくべんざいてん・ぜにあらい

洞窟外の弁天像の下に浄水が湧き、そこでお金を洗い、商売繁盛や金運招福を祈る。清めたお金は、お札授与所で入手したお守り袋に入れて持ち歩くといい。

## 大師堂・願い石

だいしどう・ねがいいし

堂の前に置いてある石に願い事を書いて納める。同じ大師堂の四国八十八カ所霊場御砂踏とは別のものだったが、組み合わせて参拝する人が増えてきた。

## 大師堂・四国八十八カ所霊場御砂踏

だいしどう・しこくはちじゅうはちかしょれいじょうおすなふみ

大師堂を囲んで四国八十八カ所巡りの施設がある。大師像を載せた石柱の下には、八十八カ所の各寺から集めた砂がプラスティックケースに収められていて、それを踏みながら、1円玉をお賽銭として置き、巡拝していく。八十八カ所巡りの功徳が手軽に得られるとして好評。

# 体験修行で心身を鍛える

## 高尾山からパワーをもらうために 滝行や火渡り、回峰行《かいほうぎょう》でプチ修験者に

### 俗世を離れて滝行に挑む 煩悩が消え心も清らかに

薬王院では様々な体験型修行のプログラムを用意するが、関東修験根本道場だけに、修験道にちなむものが多い。

その代表格が**滝行**だろう。琵琶滝と蛇滝でそれぞれ実施していて、事前に電話で申し込めば、誰もが参加できる。

日常生活を忘れて滝を浴びれば、高尾山の霊力と同化し、まるで生まれ変わったかのような爽快感が全身に満ちる。

ちなみに、滝行には作法があり、必ず入瀧指導を受けること。

3月の第2日曜日に開催される**火渡り祭**では、修験者の指導のもと、火の上を裸足で歩く火渡りも経験できる。無病息災と家内安全を祈願して、この荒行にトライするのもいい。

また、八十八の弘法大師像を訪ねる巡拝行も開催。詳細は薬王院のHPで確認してほしい。

▶修験者の指導を受け、子どもたちも冷たい滝に打たれ、心を無にして修行

▲滝行の申し込み（要予約）は蛇滝＝☎042-665-7313、琵琶滝＝☎042-667-9982。入瀧指導料はともに3,000円

▲高尾山自然研究路6号路にある琵琶滝

▶修験者が勇壮な大護摩供を修した後、その火の上を歩く火渡りの儀式。参加条件ほかは会場で確認のこと

●修行体験申し込み方法

〒193-8686
八王子市高尾町2177「高尾山信徒峰中修行会」係
日程・参加費など詳細はWEBでご確認を。
http://www.takaosan.or.jp/

▲◀山麓の不動院に集合し、信徒峰中修行会は始まる。山内をまわる回峰行や滝行をすませた後、写経に取り組み、法話も聞く。翌日は柴燈護摩を焚き、一泊二日の修行会は終わる

## 一泊二日の峰中修行会《ぶちゅうしゅぎょうえ》で本格的に山伏修行に挑む

最近、修験道に関心をもつ人が増えてきた。高尾山では秀峰会が中心になり、一般も参加できる信徒**峰中修行**会が年2回、6月と10月に開かれている。

滝行、山中回峰、柴燈《さいとう》護摩供、瞑想、写経ほかを一泊二日で実践する。内容の充実ぶりに、参加者の満足度は高い。

老若男女を問わず応募でき、料金は1万円（保険料含む）となっている。

なお、子どもを対象にした、こどもやまぶしの会も8月に開催（参加費5000円）される。

高尾山薬王院では**写経**（月例写経会）も盛んだ。毎月第4土曜日に不動院で開かれ、予約不要で参加できる。心を落ち着かせて筆を動かせば、やがて無の境地に達し、自分を見つめ直すいい機会にもなるはずだ。

▲毎年7月の第4日曜日に客殿で開かれる「高尾山写経大会」。参加費は3,000円（要予約、昼食付）

高尾山薬王院まるっとナビ

# 大本坊で精進料理を堪能

## 四季折々の食材を真心こめて調理 自然の恵みを感謝の気持ちでいただく

▲本膳と二ノ膳の形式で出される、目にも艶やかな「高尾膳」(3,900円)

▶こちらも二膳形式の「天狗膳」(2,900円)。なお各精進料理のコースには、絵ハガキがついている

◀精進料理がいただける、個室から大広間まである大本坊内の客殿

**●予約・問い合わせ**

予約は2名から受付。食事時間は11:00～14:00
大本山髙尾山薬王院
〒193-8686東京都八王子市高尾町2177
☎042-661-1115　Fax 042-664-1199
(受付時間:8:30～16:30)

### プロがつくる至福の味覚 ヘルシーで心身にいい

薬王院では、本坊で本格派の精進料理が食べられる。年間通して提供されるのが「高尾膳」と「天狗膳」で、季節により「そば御膳」「もみじ膳」「あおば膳」が用意される。「高尾膳」「天狗膳」は要予約だが、食材には限りがあり、早めに来館してほしいとのことだ。

旬の野菜にこだわってつくられる料理はヘルシーで、食材の滋味も満喫できる。ぜひ薬王院で精進料理の神髄にふれよう。

料理長の
坂本和巳さん

精進料理をつくるのは、薬王院料理長の坂本和巳さんだ。一つひとつの食材を吟味して、真心込めて調理する。「高尾山の『精進』家庭料理」(講談社)も著したプロ中のプロである。

高尾山薬王院まるっとナビ

# 必勝お守りでご利益期待

功徳に応じて様々なお守りを用意する
いつも身近に置いて運気上昇を!!

個性あふれるお守りたち

❶

❷

❸
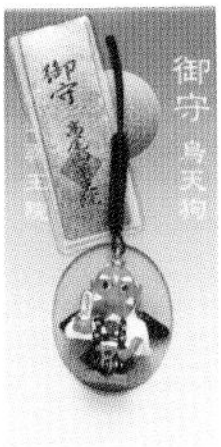


❹

❺

❻

❼

❽

❾
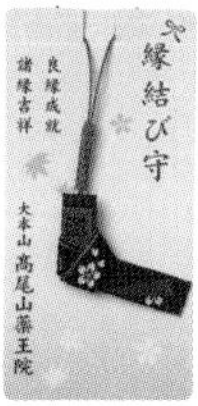


❿
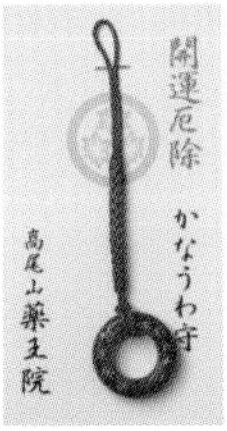


⓫

⓬

❶開運と除災がリバーシブルになった天狗守❷水晶付属の幸福の御守❸開運招福の天狗守❹瓢箪つきのぼけ封じ守❺願いの実現を祈る夢叶守❻合格祈願の開運合格オクトパス守❼付属の五円玉を倶利伽羅堂の結び処に、良縁成就守❽金運招福、商売繁盛の浄銭守❾同封の札を愛染堂に納める縁結び守❿願叶輪潜で願い事をした証し、かなうわ守⓫護摩供修行後の炭を納めた護摩炭厄除守⓬交通安全と身上安全のもみじ札

## 薬王院茶

夏は冷やして、冬はホットで。体にやさしくておいしい、オリジナル健康茶。

●28ティーパック　2,100円
●14ティーパック　1,200円

## 天狗の鼻かりんとう

黒糖、生姜蜂蜜、季節限定の味をご用意しております。なかには天狗の落し文が入っている。

●380円

高尾山の開運みやげ

※こちらのおみやげは、髙尾山薬王院で購入できます

学んで遊んで

高尾山
TAKAOSAN

# めいっぱい高尾山をもっと楽しむ!!
# 体験スポット&体感施設

「高尾山を知りたい」「自然に触れたい」「リフレッシュしたい」、好奇心と欲求を満たしてくれる楽しいスポットをピックアップ。

## 高尾ビジターセンター

気軽に訪れたい！ 山頂の〝高尾山もの知り館〟

山頂

**DATA**

アクセス：ケーブルカー高尾山駅より徒歩約40分
場所：高尾山山頂 ➡P3 MAP
開館時間：10:00〜16:00
休館日：月曜日（月曜日が祝日の場合は連休明けの平日）、年末年始 入館料：無料 ☎042-664-7872

### 遊び心あふれる展示とスライドショーを楽しむ

高尾山のことなら何でも答えてくれるこのセンター。インタープリター（自然解説員）が常駐し、展示やイベントを通して、植物や動物のことや、自然研究路の情報を提供している。

1階の展示では、遊びながら高尾山の歴史や自然を学べ、地下には高尾山ならではのムササビや天狗についての展示がある。

基本的には毎日、スライドショーやガイドウォークを開催。年間を通してさまざまなイベントも行っている。

**高尾山情報**

入ってすぐのカウンター横には、「高尾山周辺マップ」がある。また「高尾山最新自然情報」のボードには、今旬の花や野鳥・昆虫の情報が書き込まれている。

## 地階展示

地下には、夜の高尾山の代表的な存在「ムササビ」の生態を学べる展示や、伝説の残る「天狗」についての展示がある。

## 1階展示

見やすいパネルや、遊び心のあるゲーム感覚の展示で、高尾山の歴史や、植物・動物・昆虫などの自然について楽しく学べる。

### 天狗とは？

高尾山の伝説的な存在である「天狗」。展示コーナーでは、薬王院の天狗像がなぜ「山伏の装束」を着ているのかなどがわかる。

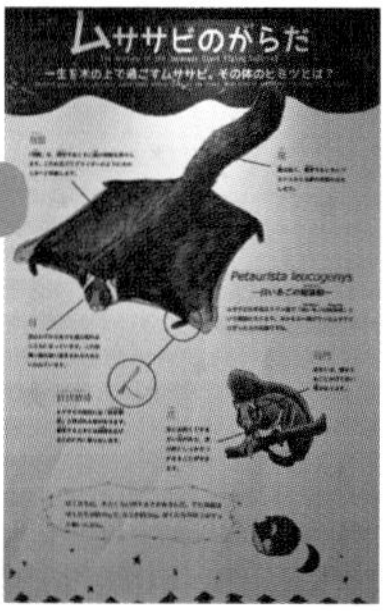


### ムササビのカラダ

高尾山に棲む「ムササビ」の生態を詳しく紹介している。ムササビのヒミツがよくわかる。

### 東京都レンジャー

東京都自然公園である高尾山周辺。それ以外の自然公園も紹介し、保護活動を行っている「東京都レンジャー」を紹介している。

### ネイチャーショップ

人気のオリジナルTシャツ「東京の自然に暮らす生きものTシャツ」は、3,000円（税込み）。ほかに書籍やオリジナルグッズを販売中。

### のぶすま

高尾山の四季折々を伝えるニュースレター。「のぶすま」とはムササビの古い呼び名。

年4回発行、窓口で配布。

・高尾ビジターセンターのホームページでもダウンロードできる。
**http://ces-net.jp/takaovc**

# ガイドウォークで自然と親しむ！

DATA■13：30～／参加費100円／約50分／定員10名／当日先着順に受付／状況により、定員の変更や中止の場合もありますので、ご確認ください（※コロナ禍における定員は5名）

▲▶「木を利用する生きもの」などさまざまなテーマで、インタープリター（中央）が実際に動植物を見せながら解説してくれる

## 老若男女が子どもに返り自然と思いっきり遊ぶ

自然と人との仲介となって、自然の魅力を解説してくれるインタープリター。高尾ビジターセンターに常駐しているインタープリターと一緒に野外を歩きながら、自然観察を行う「ガイドウォーク」（参加費100円）が開催されている。申し込みは当日先着順となります。

◀自然研究路5号路など山頂周辺で行われ、大人も子どもも楽しめる

▲野鳥が食べる木の実を探すなど、五感を使って自然を楽しむ

## イベントに参加しよう！

高尾ビジターセンターでは、インタープリターやボランティアが企画・主催する「自然教室」などのイベントを、年数回開催している。親子で体験できるものもあり要チェックだ。

**■高尾ビジターセンターの自然教室**
**(2021年度の一例)**

- 新緑の高尾山で大人が楽しむ昆虫ハイク
- 山歩きのための地図読み
- 高尾山薬王院の歴史＆自然観察ツアー
- 地質から見る高尾山の成り立ち
- 高尾山に暮らす哺乳類に迫る！

※事前申し込みが必要。詳しくは高尾ビジターセンターのホームページで。 **http://ces-net.jp/takaovc**

※なお、ガイドウォークなどの各種イベントは、諸事情により中止となる場合がありますので、ご確認ください。

# 高尾山　さる園・野草園

同じエリアにある〝おさるさん&花のパラダイス〟

霞台

▲眺めのいい展望台から、ボスざるを中心にした〝さる社会〟をウォッチング

さる園

## さる山のにぎやか生活に元気と笑顔をもらえる

霞台の三角屋根の入口から、まず「さる園」エリアへ。約半世紀前の開園で、毎年生まれる子ざるも含め80頭前後が暮らしている。1日数回行われる飼育員の解説には人気があり、秩序あるさる社会やさるの習性などをユーモアいっぱいにレクチャーしてくれる。

◀じゃれる子ざるや、毛づくろい風景を眺めると、思いのほか癒される

▲植物の名札や解説板もあり、楽しく学びながら散策できる

▶備えつけの双眼鏡がある「憩の館」。ゆったり腰掛けてバードウォッチングできる

野草園

## 失われつつある山野草や野鳥たちと出合える

多くの山野草が自生していた高尾山周辺。市街地化などで激減した種類を中心に、約300種の亜高山帯植物（一部高山植物）を、できるだけ自然の姿で見られるように植えている。静かな園内ルートをたどって散策し、「憩の館」で野鳥を探そう。

▶散策路の側に花が咲いているので、登山コースよりきれいに写真を撮れると評判

**DATA**

アクセス：ケーブルカー高尾山駅より徒歩約3分
場所：高尾山霞台　➡P2 MAP
開館時間：9：30～16：30（3月、4月は10：00～、1月、2月、12月は16：00まで）
休館日：無休（園内整備等を除く）
入館料：大人（中学生以上）430円、小人（3歳以上）210円
☎042-661-2381

山麓

# TAKAO599MUSEUM

## 世界に誇れる高尾山の魅力、素晴らしい自然を発信

▲ムササビ、フクロウ、ニホンイタチ、アカギツネなど高尾山に棲む動物たちの剥製が展示されている

▼緑を背景に和モダン風の外観が映える

### 開放的な空間で楽しむ モダンな展示&カフェ

高尾山の魅力や情報を共有する場として、その歩き方・楽しみ方を発信しているTAKAO599MUSEUM。

豊かな自然を伝えてくれる植物や昆虫の標本展示や、生態系を教えてくれるプロジェクションマッピングなど、新しい発見や驚きがいっぱい。芝生広場を見渡せる599カフェで心地よい憩いのひとときを。

**DATA**

アクセス：京王線高尾山口駅より徒歩約4分、圏央道高尾山ICより車約2分（近隣の駐車場利用）
東京都八王子市高尾町2435-3
➡P2 MAP
開館時間：8:00〜17:00（12〜3月は16:00まで）
休館日：なし（メンテナンスによる臨時休館あり）
入館料：無料
☎042-665-6688

▲地元の多摩産材のテーブルとイスが並ぶ、芝生の庭を見渡せるくつろぎカフェ

599ショップ

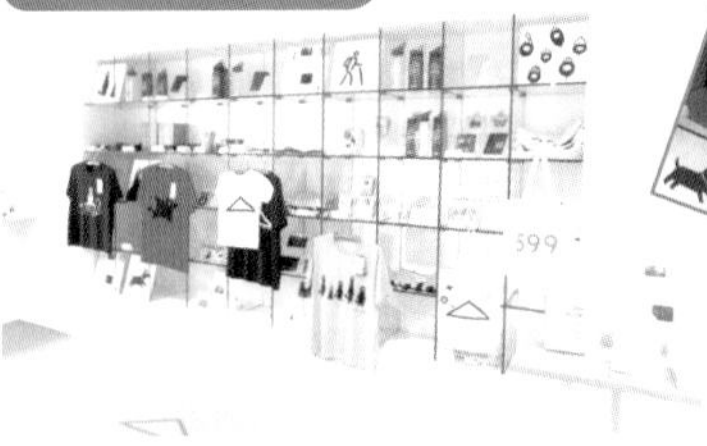

▲Tシャツやトートバッグ、木製定規や缶バッジなどオリジナルグッズがいっぱい

▼メイン展示「ネイチャーコレクション」。16の展示台は可動式で災害時には避難場所になる

※1〜4 photo/Taiji Yamazaki

## 高尾森林ふれあい推進センター

### 山麓にある森林情報&体験の発信基地

**クラフト体験やイベントを通じて自然に親しむ**

「TAKAO599MUSEUM」のすぐ隣り。高尾山の国有林や林業のことを知ってもらおうと、1階の「展示室」「クラフト体験室」を開放している。

木の実や小枝を使ったネイチャークラフトを体験でき、自然観察会、つるかご編み、炭焼き体験などイベントも盛りだくさん。

▼森林散策の様子

※イベントについてはホームページをご覧下さい。
http://www.rinya.maff.go.jp/kanto/takao/

▲「展示室」にはさまざまな樹木標本がズラリと並び、森林・林業について学べる

**DATA**

アクセス：京王線高尾山口駅より徒歩約4分、圏央道高尾山ICより車約2分（近隣の駐車場利用）
東京都八王子市高尾町2438-1
➡P2 MAP
開館時間：10：00〜12：00、13：00〜16：00（クラフト体験室の受付は、午前は11時、午後は15時まで。
休館日：年末年始、水曜日　※開館の状況はホームページをご覧下さい。
☎042-663-6689

## トリックアート美術館

### トリックアート＝だまし絵の不思議空間へ

**見て、触れて、異次元の不思議世界を体感しよう**

1歩踏み入れると、思わず幻惑されるトリックアートが集結。目に映ることを脳が誤って判断する「錯覚」を利用し、現実とのズレを体感できる不思議な美術館が、オープンから21年目の2016年にリニューアル。

アート作品の数も増え、コスチュームの無料レンタルでトリックと一緒に撮影できる。

▲空に浮かぶ「空中神殿」。写真や映像を撮りながらワイワイ楽しめる美術館で、感性の冒険を楽しもう

▲巨人に見えたり、小人に見えたりする「エイムズの部屋」でミラクル体験

**DATA**

アクセス：京王線高尾山口駅より徒歩約1分、圏央道高尾山ICより車約3分（近隣の駐車場利用）
東京都八王子市高尾町1786　➡P2 MAP
開館時間：10：00〜18：00
休館日：木曜日
入館料：大人1,330円、中高生1,020円、小学生720円、幼児（4歳以上）510円
☎042-661-2333

▲地下約1,000mからこんこんと湧き出る天然温泉の「露天岩風呂」。ぬる湯・あつ湯がある

▲気軽に利用できる温泉施設。和の風情漂うのれんをくぐって入館

# 京王高尾山温泉／極楽湯

山麓

## 駅のすぐ隣！ 登山後にゆったり温泉リラックス

### 天然温泉の露天風呂につかり、おいしい料理に舌鼓

京王線高尾山口駅から続く専用通路を進んだ先にある。

泉質はうっすら微弱白色のアルカリ性単純温泉。「露天岩風呂」「露天炭酸石張り風呂」「檜風呂」など7つの多彩な湯につかり、心も体も癒される至福の時間を過ごすことができる。

湯上がりには、のどをうるおす1杯やおいしい食事を味わえる。高尾名物「とろろ」を使ったメニューや「なめこそば」など人気の味が目白押し。「ほぐし処」もあり、心ゆくまでリラックスできる。

**DATA**

アクセス：京王線高尾山口駅隣り、圏央道高尾山ICより車約3分（駐車場約110台、3時間まで無料）
住所：東京都八王子市高尾町2229-7
➡P2 MAP
開館時間：8：00～22：45（入館は22：00まで）
休館日：年中無休（臨時休館あり）
入館料：大人1,000円、4歳～小学生500円（年末年始・GW・お盆・11月の繁忙期は大人1,200円、子ども600円）、3歳以下無料／レンタルバスタオル200円
☎042-663-4126

▲サウナの遠赤外線で汗を流してリフレッシュ。水風呂もあり

▲シュワシュワ気泡が気持ちいい「露天炭酸石張り風呂」。血行・新陳代謝の促進や美容効果も期待大

▲背から腰にかけて湯が流れる「座り湯」

◀マイクロバブルが心地いい「檜風呂」。浴場にはシャンプーやボディーソープが完備

▲座敷とテーブル席がある「お食事処」。イチ押しは「麦とろ牛たん御膳」（1,550円）

# タカオネ

## 高尾山の新しい楽しみ方を提案する活動ホテル

▲高尾山口駅の目と鼻の先にあるタカオネ。外観はスタイリッシュ

▲屋上スペースからは、高尾山が一望。日光浴をしたり、星空観賞なども楽しめる

### 陶芸体験、川遊びなどのアクティビティも充実

タカオネは、日帰り登山だけでは味わえない高尾山の新しい楽しみ方を提案する施設。

「タカオネで過ごす時間そのものが、アクティビティのような一つの体験として楽しめること」をコンセプトに、ホテルを訪れるさまざまな人との交流を楽しめる場を提供する。会社やサークルの仲間、クラブのチームメイトなどの合宿・研修にも対応。カフェダイニングでは四季折々楽しめる高尾山の旬の食材を生かした料理をそろえる。

また、陶芸体験やハイキングや川遊び、ナイトトレッキングまで、さまざまなアクティビティを用意している。

**DATA**

アクセス:京王線高尾山口駅から徒歩1分、圏央道高尾山ICより車約3分。近隣の有料駐車場をご利用ください。
住所:東京都八王子市高尾町2264
➡P2 MAP
ホテル客室　28部屋(定員約172名)。個人宿泊料金
朝食付きプランスタンダードルーム　7,000円〜
予約はメールにて
https://takaone.jp/hotel/

▲テラス付きの客室からは、高尾山方面が眺望できる。1泊朝食付きで7,000円〜

◀お洒落なキッチンでは、高尾山の旬の食材を使った料理が提供される

▲1階のテラス席では、軽食やドリンクなどを提供している

PART 4

# 高尾山の自然図鑑

山を彩る植物、森に暮らす生きものたち、高尾山の豊かな自然を観察しよう！

**標高599メートルの小さな山にもかかわらず、高尾山には変化に豊んだ豊かな自然環境がある。その森が育んだ、スミレ、野草、野鳥、昆虫……。出迎えてくれる住人は季節で変わる。**

●高尾のスミレの中でいちばん早く咲くアオイスミレ

●春の高尾山で最も出合うタチツボスミレ

## 「スミレの聖地」と呼ばれる高尾山

高尾山は日本の中でも、多くのスミレの種類が見られる山だ。日本で見られるスミレの半数近くの20数種が確認され、「スミレの聖地」と呼ばれる。

スミレは種類によって、生える場所の好みが違う。尾根筋と谷筋、常緑広葉樹林と落葉広葉樹林……、高尾山にはスミレに恰好の豊かな自然環境がある。

3月下旬から5月上旬、高尾山のハイキングコースを歩くと、木々の下に可憐に咲くスミレと出合える。

なかには、高尾山で最初に見つかり、高尾の名前を持つスミレもある。その代表はタカオスミレ。ヒカゲスミレの変種で、本来緑色の葉がこげ茶色になっている。ほかにも、ナガバノアケボノスミレやコボトケスミレも高尾山で発見された。

●高尾山で採取されたタカオスミレ

**スミレの見分け方**

スミレは花の形に特徴がある。上（上弁）に2枚、横（側弁）に2枚、下（下弁）に1枚の計5枚の花びらがあり、横向きに咲く。また、下弁には、後に突き出た距（きょ）という袋状のものがついている。蜜を隠す距を持っているのが、いちばんの特徴だ。

## 春夏秋冬、訪れる度に表情を変えてお出迎え

花の名山として知られる野草は1500種類ともいわれる。なかでも、早春木々の芽吹きの前に咲く可憐な花たちは、「スプリング・エフェメラル（春のはかないものたち）と呼ばれ愛されている。

4月上～中旬になると一丁平の尾根道は「千本桜」と呼ばれる桜並木が満開を迎える。梅雨間近の頃には、セッコク目当てに高尾山を訪れる人も多い。ランの仲間のセッコクは、樹の上で暮らす着床植物だ。秋には、イロハモミジの赤、ブナの黄色と山が鮮やかに色づく。冬の楽しみはシモバシラが作る氷の芸術〝霜柱〟。高尾山は四季を通して、見事に違った顔を見せてくれる。

春

●もみじ台から一丁平へ続く千本桜

夏

●樹上で暮らす1号路のセッコク

秋

●鮮やかに色づいたイロハモミジ

冬

●冬の風物詩、シモバシラの霜柱

●オオルリは日本の三大鳴鳥の一つ

●夕方の山の楽しみはムササビの滑空

## 高尾山に暮らす野生動物と自然の森が育む昆虫

高尾山のシンボルといわれるムササビ。昼間は木の穴に棲んでいるが、日が暮れるとエサを探しに巣穴から出てくる。スギ、カシ類、カエデ類の葉や実がムササビの好物。ケーブルカー高尾山駅付近でも見られるが、薬王院付近では観察会が行われている。

また、自然豊かな高尾山は野鳥の宝庫。約100種以上が観察され、年間70種くらいの野鳥と出合える。野鳥が多いのは、昆虫が多くいるからで、その数4000種とも5000種ともいわれている。このように、さまざまな動物が棲むのは、森に多種多様な植物があるから。つまり、高尾山はひとつの生態系をなしているのだ。

植物図鑑①

# スミレ（スミレ科）

スミレの山といわれる高尾山には25種類ものスミレが早春から春にかけて、尾根筋、谷筋、林の中、木の根もとに咲いている。

## ナガバノスミレサイシン

高さ約5～12cm。花は2cm前後で、淡い青紫か白。名前のように5～8cmの長い葉を持つ。春早くから、高尾山のあちこちでよく見られる。

| 1 | 2 | **3** | 4 | 5 | 6 | 7 | 8 | 9 | 10 | 11 | 12 |
|---|---|---|---|---|---|---|---|---|---|---|---|

## アオイスミレ

高尾山で見られるスミレの中では、早春いちばん早く咲く。葉がフタバアオイに似ることから命名。葉は丸くて毛が多く、花弁は波打っている。

| 1 | 2 | **3** | 4 | 5 | 6 | 7 | 8 | 9 | 10 | 11 | 12 |
|---|---|---|---|---|---|---|---|---|---|---|---|

## ヒゴスミレ

エイザンスミレに似て、葉が深く切れ込むが、エイザンスミレよりもさらに細かい。花はエイザンスミレより小さく、とてもいい香りがする。

| 1 | 2 | 3 | **4** | 5 | 6 | 7 | 8 | 9 | 10 | 11 | 12 |
|---|---|---|---|---|---|---|---|---|---|---|---|

## ヒナスミレ

高さ5～10cm、淡いピンク色をしたかわいい花をつける。3月下旬から4月中旬、登山道脇でポツポツ見られる。葉は二等辺三角形。

| 1 | 2 | **3** | **4** | 5 | 6 | 7 | 8 | 9 | 10 | 11 | 12 |
|---|---|---|---|---|---|---|---|---|---|---|---|

## ニオイタチツボスミレ

高さ10～25cm。花は丸みがあり濃い紫色で、中央がくっきり白い。タチツボスミレに似ているが、紫色が濃く葉先は丸く、いい香りがする。

| 1 | 2 | **3** | **4** | 5 | 6 | 7 | 8 | 9 | 10 | 11 | 12 |
|---|---|---|---|---|---|---|---|---|---|---|---|

## ヒカゲスミレ

高さは10cm前後、花は2cmほどで白く、下の花びらに紫色の細い筋が入る。横の花びらのもとには毛がある。葉の表面は緑色で毛が多い。

| 1 | 2 | 3 | **4** | 5 | 6 | 7 | 8 | 9 | 10 | 11 | 12 |
|---|---|---|---|---|---|---|---|---|---|---|---|

## エイザンスミレ

葉が深く切れ込みギザギザに見えるので区別がつきやすい。花は淡い赤紫から白色まで見られる。葉は5裂し、さらに細かく裂けている。

| 1 | 2 | **3** | **4** | **5** | 6 | 7 | 8 | 9 | 10 | 11 | 12 |
|---|---|---|---|---|---|---|---|---|---|---|---|

## タチツボスミレ

花期の高さは5～15cm。花は1～2cmの淡い紫色。高尾山の麓から上までよく見られ、期間も長い。葉先はややとがり、托葉は櫛の歯状。

| 1 | 2 | **3** | **4** | **5** | 6 | 7 | 8 | 9 | 10 | 11 | 12 |
|---|---|---|---|---|---|---|---|---|---|---|---|

## コスミレ

イメージほど小さくはなく、高さは5～10cm。1.5～2cmの淡い紫色の花を咲かせる。側弁は無毛。人家周辺や明るい林の中で見られる。

| | | | | | | | | | | | |
|---|---|---|---|---|---|---|---|---|---|---|---|
| 1 | 2 | 3 | **4** | 5 | 6 | 7 | 8 | 9 | 10 | 11 | 12 |

## アカネスミレ

高さは5～10cm。あかね色の花からついた名前だが、濃いものから薄いものまで変化が多い。全体に短い毛が生えている。日当たりを好む。

| | | | | | | | | | | | |
|---|---|---|---|---|---|---|---|---|---|---|---|
| 1 | 2 | 3 | **4** | 5 | 6 | 7 | 8 | 9 | 10 | 11 | 12 |

## マルバスミレ

マルバという名前のように、葉の長さが3cm前後の卵形から円形。高さは5～10cm前後で、花は2cmほどで白く、側弁に毛はない。

| | | | | | | | | | | | |
|---|---|---|---|---|---|---|---|---|---|---|---|
| 1 | 2 | 3 | **4** | 5 | 6 | 7 | 8 | 9 | 10 | 11 | 12 |

## アケボノスミレ

高さ5～10cm、花径は2～2.5cmありスミレとしては大きい。色は紅紫色。葉はハート形で、花時には丸まっていて開いていないことも多い。

| | | | | | | | | | | | |
|---|---|---|---|---|---|---|---|---|---|---|---|
| 1 | 2 | 3 | **4** | 5 | 6 | 7 | 8 | 9 | 10 | 11 | 12 |

## ノジスミレ

高さはおよそ10cm。花は1.5cm前後で紫色。スミレによく似ているが、葉にシワがありスミレのように真っすぐに立たないことが多い。

| | | | | | | | | | | | |
|---|---|---|---|---|---|---|---|---|---|---|---|
| 1 | 2 | 3 | **4** | 5 | 6 | 7 | 8 | 9 | 10 | 11 | 12 |

## タカオスミレ

高尾山で最初に発見されたスミレ。ヒカゲスミレの品種で、花の時期の葉の表の色が赤褐色をしている。花が終わると緑色を帯びてくる。

| | | | | | | | | | | | |
|---|---|---|---|---|---|---|---|---|---|---|---|
| 1 | 2 | 3 | **4** | 5 | 6 | 7 | 8 | 9 | 10 | 11 | 12 |

## コミヤマスミレ

5月初旬と高尾山ではいちばん遅く咲く。花は白く1cmほどと小さい。下弁が短いので花が横に広がって見える。がくが反り返るのが特徴。

| | | | | | | | | | | | |
|---|---|---|---|---|---|---|---|---|---|---|---|
| 1 | 2 | 3 | 4 | **5** | 6 | 7 | 8 | 9 | 10 | 11 | 12 |

## スミレ

高さは10～15cm。花は2cm前後の濃い紫色で「スミレ色」。大工道具の墨入れに花の横姿が似ていることから「スミレ」という名がついた。

| | | | | | | | | | | | |
|---|---|---|---|---|---|---|---|---|---|---|---|
| 1 | 2 | 3 | **4** | **5** | 6 | 7 | 8 | 9 | 10 | 11 | 12 |

## ツボスミレ

白い花は1cmほどと小さく、山野の湿ったところに生える。下弁に紫色の濃い筋がありよく目立つ。別名ニョイスミレともいう。

| | | | | | | | | | | | |
|---|---|---|---|---|---|---|---|---|---|---|---|
| 1 | 2 | 3 | **4** | **5** | 6 | 7 | 8 | 9 | 10 | 11 | 12 |

# 早春〜春の花

葉を落とした木々のすき間から芽を出し、小さな花を咲かせる〝スプリング・エフェメラル〟や可憐な花たちと出合える。

## ハナネコノメ

**ユキノシタ科**

早春5mmほどの白い花を咲かせる。白い花びら状の萼（がく）と赤い葯（やく）のコントラストが美しい。渓流沿いの岩の上に群生して咲く。

1 2 **3** **4** 5 6 7 8 9 10 11 12

## カタクリ

**ユリ科**

スプリング・エフェメラルの代表。高尾山では自生せず、南高尾の梅の木平に有名な群生地がある。厚い2枚葉の間から伸びた茎に紅紫の花が咲く。

1 2 **3** 4 5 6 7 8 9 10 11 12

## ヨゴレネコノメ

**ユキノシタ科**

高さ10cm前後。葉が濃緑色や茶に灰白色の模様が入り〝汚れ〟の名前がついているが、暗紅色の花に黄緑色の包葉のコントラストが美しい。

1 2 **3** **4** **5** 6 7 8 9 10 11 12

## アズマイチゲ

**キンポウゲ科**

早春、いち早く咲き出す。3〜4cmの白い花をつける。1本の茎にひとつ花を咲かせるので一華（イチゲ）という。高尾山山麓や林の縁で見られる。

1 2 **3** **4** 5 6 7 8 9 10 11 12

## ユリワサビ

**アブラナ科**

沢沿いなど湿気の多い木陰に生える。1cmほどの白色の花は十字形の4弁花。高尾山では、早春、日影沢や小下沢、6号路などでよく見かける。

1 2 **3** **4** 5 6 7 8 9 10 11 12

## ニリンソウ

**キンポウゲ科**

山麓の沢で白い2cmほどの花を見かける。5枚の白い花びらに見える萼片を持つ。名前のように2輪のものが多いが、1輪や3輪のものある。

1 2 3 **4** 5 6 7 8 9 10 11 12

## ヤマエンゴサク

**ケシ科**

高さ10〜20cm。先端に2cmほどの筒形で青紫色の花をつける。花のつけ根にある包葉にギザギザの切り込みが入る。山野の林床に生える。

1 2 3 **4** 5 6 7 8 9 10 11 12

## ムラサキケマン

**ケシ科**

秋に芽生え、春に長さ1.5cm前後の紅紫色の筒形の花をつける。華鬘（ケマン）とは仏壇を飾る仏具のひとつ。ウスバシロチョウの幼虫の食草。

1 2 **3** **4** **5** 6 7 8 9 10 11 12

## ヤマブキ

**バラ科**

1〜2mの落葉低木。2〜3cmの鮮やかな黄色の花を多数つける。しなやかな枝が風に揺れる様子から命名。明るい林の木陰などに群生する。

| 1 | 2 | 3 | **4** | **5** | 6 | 7 | 8 | 9 | 10 | 11 | 12 |
|---|---|---|---|---|---|---|---|---|---|---|---|

## ジュウニヒトエ

**シソ科**

高さは20cmほどで、白か白に近い薄紫色の花が穂状につく。花が重なって咲く様子から、十二単をまとった姿に見立てた名前がついている。

| 1 | 2 | 3 | **4** | **5** | 6 | 7 | 8 | 9 | 10 | 11 | 12 |
|---|---|---|---|---|---|---|---|---|---|---|---|

## フデリンドウ

**リンドウ科**

5〜10cmの2年草で、日当たりのいい野山に青紫の小さな花を咲かせる。葉は小ぶり。つぼみが筆の穂先に似ているのが名前の由来。

| 1 | 2 | 3 | **4** | 5 | 6 | 7 | 8 | 9 | 10 | 11 | 12 |
|---|---|---|---|---|---|---|---|---|---|---|---|

## イカリソウ

**メギ科**

高さ20〜40cm。淡い紅紫色の4枚の花弁が、船の錨のような形をしていることから名前がついた。高尾山と城山の間でよく見られる。

| 1 | 2 | 3 | **4** | **5** | 6 | 7 | 8 | 9 | 10 | 11 | 12 |
|---|---|---|---|---|---|---|---|---|---|---|---|

## ヒトリシズカ

**センリョウ科**

高さ20cmほどで、葉が開ききる前に、葉に包まれるように白いブラシのような花をつける。一人静と書くが、1本で咲くことはなく群生する。

| 1 | 2 | 3 | **4** | **5** | 6 | 7 | 8 | 9 | 10 | 11 | 12 |
|---|---|---|---|---|---|---|---|---|---|---|---|

## ミヤマキケマン

**ケシ科**

高さ20〜30cmの2年草。赤みを帯びた茎を持つ。長い花軸にタテに黄色い花をたくさんつける。深山（ミヤマ）とつくが、低山で見られる。

| 1 | 2 | 3 | **4** | **5** | 6 | 7 | 8 | 9 | 10 | 11 | 12 |
|---|---|---|---|---|---|---|---|---|---|---|---|

## フタリシズカ

**センリョウ科**

高さ30〜60cm。ヒトリシズカより遅れて、5cmほどの長さの花穂に白い小さな花をつける。花穂は2本のことが多いが、3〜5本の場合もある。

| 1 | 2 | 3 | 4 | **5** | **6** | 7 | 8 | 9 | 10 | 11 | 12 |
|---|---|---|---|---|---|---|---|---|---|---|---|

## チゴユリ

**ユリ科**

1cmほどの小さな花が下向きにつく。やや太い地下茎を持ち、細い茎の先端にひとつ花が咲く。小さくて可愛らしいことから稚児ユリという。

| 1 | 2 | 3 | 4 | **5** | 6 | 7 | 8 | 9 | 10 | 11 | 12 |
|---|---|---|---|---|---|---|---|---|---|---|---|

## シャガ

**アヤメ科**

5〜6cmの白っぽいアヤメに似た花をつける。近くで見ると紫色とオレンジ色の美しい模様が入っている。高尾山では、あちこちでよく見られる。

| 1 | 2 | 3 | **4** | **5** | 6 | 7 | 8 | 9 | 10 | 11 | 12 |
|---|---|---|---|---|---|---|---|---|---|---|---|

# 植物図鑑③ 夏の花

セッコクから始まる高尾山の初夏。梅雨が明け、照りつける陽光に負けじと、濃い緑の森に色鮮やかな花たちが咲き競う。

## オカトラノオ

**サクラソウ科**

茎の先に1cmほどの白い花をたくさんつけ、10〜20cmの花穂を垂らす。その花穂から虎の尾の名がついた。日当たりがいい草地に生える。

1 2 3 4 5 **6** **7** 8 9 10 11 12

## イナモリソウ

**アカネ科**

山地の木陰に淡い紅紫色の花を咲かせる。長さ2cmほどの筒状で先が5つに裂けて開いている。1・4・6号路などで見られるが数は少ない。

1 2 3 4 **5** **6** 7 8 9 10 11 12

## ヒメヤブラン

**ユリ科**

日当たりのいい草地に生える。葉は線形で10〜20cm、花茎は5〜15cmで小さな紫色の花がまばらに咲く。ヤブランに似ているがとても小さい。

1 2 3 4 5 6 **7** 8 9 10 11 12

## ヤマユリ

**ユリ科**

強い香りのある15〜20cmの大輪の花をつける。白い6枚の花弁の中央に黄色い筋が走り、赤い斑点が入る。高尾山を代表する夏の花。

1 2 3 4 5 6 **7** 8 9 10 11 12

## ミゾホオズキ

**ゴマノハグサ科**

高さ10〜30cm、花は10〜15㎜ほど。内側の奥に赤褐色斑がある。林道沿いの湿地や清流沿いに生える。実がホオズキに似ているのが名前の由来。

1 2 3 4 5 **6** **7** 8 9 10 11 12

## ヤマホトトギス

**ユリ科**

3cmほどのユニークな形の花には、赤紫の斑点がある。その模様がホトトギスの胸の模様に似ていることから命名。山地の林内に見られる。

1 2 3 4 5 6 7 **8** **9** 10 11 12

## イワタバコ

**イワタバコ科**

イワと名前がつくように、岩場や砂岩層を好んで生える。1.5〜2cmの淡い紅紫色で先が5裂した花が咲く。葉がタバコに似るのが名前の由来。

1 2 3 4 5 6 **7** **8** 9 10 11 12

## ヤブカンゾウ

**ユリ科**

梅雨明けの頃、野原や道端でよく見かける。高さ1m、八重咲きの8cmほどのオレンジ色の花がよく目立つ。よく似るノカンゾウは一重咲き。

1 2 3 4 5 6 **7** 8 9 10 11 12

# 植物図鑑④

# 秋の花

秋の風に変わる頃、キクの仲間が花を咲かせ始める。赤、オレンジ、黄色、色とりどりの紅葉が終わると、高尾山の冬が近い。

## ヒガンバナ

**ヒガンバナ科**

秋のお彼岸の頃に咲く。高さ30〜50cmの枝も葉もない茎に、8〜10cmの真っ赤な花がひとつ咲く。実際は数個の花の集まり。別名、曼珠沙華。

| 1 | 2 | 3 | 4 | 5 | 6 | 7 | 8 | **9** | 10 | 11 | 12 |
|---|---|---|---|---|---|---|---|---|---|---|---|

## アキノキリンソウ

**キク科**

高さは30〜80cm。黄色い花を穂状に多数つける。花がキリンソウに似て、秋に咲くことから名前がついた。日当たりのよい秋の尾根筋で見られる。

| 1 | 2 | 3 | 4 | 5 | 6 | 7 | **8** | **9** | **10** | 11 | 12 |
|---|---|---|---|---|---|---|---|---|---|---|---|

## ツリフネソウ

**ツリフネソウ科**

高さ40〜80cm。沢沿いなどの湿った場所に咲く。花は3cmほどの紅紫色。花が帆かけ船をつり下げたように見えることから名付けられた。

| 1 | 2 | 3 | 4 | 5 | 6 | 7 | 8 | **9** | **10** | 11 | 12 |
|---|---|---|---|---|---|---|---|---|---|---|---|

## レモンエゴマ

**シソ科**

高さ20〜70cm。長さ10〜18cmの穂状に、淡い紅色の花をたくさんつける。花や葉を触るとレモンのような香りがする。高尾山で発見された。

| 1 | 2 | 3 | 4 | 5 | 6 | 7 | 8 | **9** | **10** | 11 | 12 |
|---|---|---|---|---|---|---|---|---|---|---|---|

## シモバシラ

**シソ科**

高さ50〜70cm。10cmほどの花穂に小さな白い花を多数つける。冬に、枯れた茎の根元から霜柱のような氷柱ができることから名付けられた。

| 1 | 2 | 3 | 4 | 5 | 6 | 7 | 8 | **9** | **10** | 11 | 12 |
|---|---|---|---|---|---|---|---|---|---|---|---|

## リュウノウギク

**キク科**

高さ30〜90cm。日当たりのいい山地に生える。茎の先端に白い花を1〜3個つける。茎や葉が、竜脳という香料に香りが似ていることから命名。

| 1 | 2 | 3 | 4 | 5 | 6 | 7 | 8 | 9 | **10** | **11** | 12 |
|---|---|---|---|---|---|---|---|---|---|---|---|

## ヤマトリカブト

**キンポウゲ科**

高さ80〜180cm、花の長さは3〜5cmで青紫色。実際には花ではなく萼片だが、鳳凰の頭の形をした兜に似ているので鳥兜。毒草として知られる。

| 1 | 2 | 3 | 4 | 5 | 6 | 7 | 8 | 9 | **10** | 11 | 12 |
|---|---|---|---|---|---|---|---|---|---|---|---|

## タカオヒゴタイ

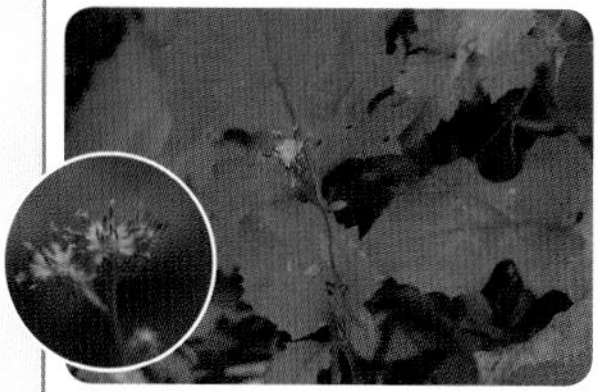

**キク科**

高尾山で発見された植物のひとつ。高さ35〜60cm、2cmほどの赤紫色の花が咲く。下のほうの葉に深い切れ込みがありバイオリンに似ている。

| 1 | 2 | 3 | 4 | 5 | 6 | 7 | 8 | **9** | **10** | 11 | 12 |
|---|---|---|---|---|---|---|---|---|---|---|---|

# 動物図鑑①

# ほ乳類・野鳥

木から木へと滑空するムササビや100種もの野鳥が暮らす。食べ物となる植物や昆虫、棲みかとなる大きな木が豊富にあるからだ。

## ホンドリス

**リス科**

ムササビ同様高尾山を代表するほ乳類。ムササビは夜行性だが、こちらは昼行性。樹上生活をしているが、登山道を横切ることもある。

1 2 3 4 5 6 7 8 9 10 11 12

## ムササビ

**リス科**

リスの仲間で、高尾山を代表するほ乳類。前足と後ろ足の間にある飛膜を広げて木から木へと滑空し、木の葉、実、芽などを食べる。

1 2 3 4 5 6 7 8 9 10 11 12

## メジロ

**メジロ科**

目の回りが白いのでメジロ。背はいわゆるウグイス色。ウグイスと間違えやすいが、実際のウグイスは褐色を帯びたきれいとはいえない緑色。

1 2 3 4 5 6 7 8 9 10 11 12

## ヒヨドリ

**ヒヨドリ科**

町中でもよく見かけるポピュラーな鳥。高尾山では1年を通して、あちこちからピィーヨピィーヨという鳴き声が聞こえてくる。

1 2 3 4 5 6 7 8 9 10 11 12

## コゲラ

**キツツキ科**

キツツキの仲間としてはもっとも小さい。背は黒で白斑が並ぶ。ギィーギィーという鳴き声や木をたたくドラミングの音がよく聞こえる。

1 2 3 4 5 6 7 8 9 10 11 12

## シジュウカラ

**シジュウカラ科**

首から上が黒く頬が白い。ネクタイを締めたように、喉からお腹に黒い筋が伸びる。高尾山では1年を通してあちこちで見かける。

1 2 3 4 5 6 7 8 9 10 11 12

## エナガ

**エナガ科**

丸っこい小さな体に長い尾が特徴。背中は赤紫色の羽を持つ。ジュリジュリと鳴きながら、木から木へとエサをついばみながら移動する。

1 2 3 4 5 6 7 8 9 10 11 12

## ガビチョウ

**ヒタキ科**

全体に黄褐色で目の回りと頭のほうに伸びる筋が白い。中国南部に生息する鳥だが、高尾山に定着し、繁殖した。大きな鳴き声が聞こえる。

1 2 3 4 5 6 7 8 9 10 11 12

## キビタキ

**ヒタキ科**

高尾山の夏鳥。黄色いヒタキの名前どおり、胸と背、眉斑が黄色。翼は黒で白い斑が目立つ。広葉樹林内で美しい声でさえずっている。

1 2 3 **4** **5** **6** **7** **8** 9 10 11 12

## サンコウチョウ

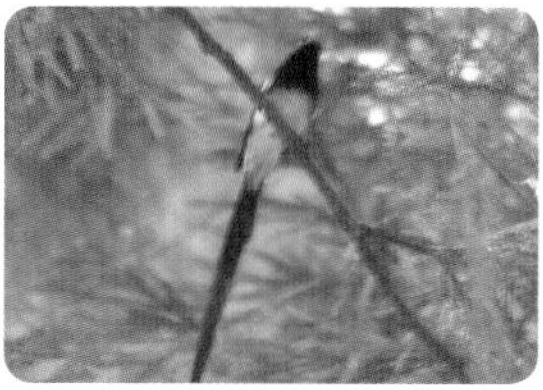

**ヒタキ科**

オスは体長の3倍もある長い尾を持つ。鳴き声がツキヒホシ（月日星）ホイホイホイと聞こえることから「三光鳥」と名付けられた。

1 2 3 **4** **5** **6** **7** **8** 9 10 11 12

## オオルリ

**ヒタキ科**

日本三大鳴鳥のひとつ。高尾山には夏鳥として飛来し、沢沿いでよく見られる。頭から背面全体が美しい瑠璃色で、さえずる声も美声。

1 2 3 **4** **5** **6** **7** **8** 9 10 11 12

## ゴジュウカラ

**ゴジュウカラ科**

頭上から背中は灰色。短めの尾とくちばしから目を通って頭に伸びる黒い筋が特徴。写真の天地を疑うには及ばず、重力に逆らい幹を下りられる。

**1** **2** **3** 4 5 6 7 8 9 10 **11** **12**

## ツグミ

**ヒタキ科**

翼は赤茶色で胸に黒斑、クリーム色の眉斑が特徴。冬鳥で、翼を下げて胸を反らす独特の姿を、山麓でよく見かける。クェックェッと鳴く。

**1** **2** **3** 4 5 6 7 8 9 10 **11** **12**

## ジョウビタキ

**ヒタキ科**

秋に北から来て春に帰る冬鳥。オスは黒い翼に白斑が入り、お腹はオレンジ、頭がシルバーグレー。メスも翼は同じだが色合いが薄い。

**1** **2** **3** 4 5 6 7 8 9 10 **11** **12**

## アトリ

**アトリ科**

高尾山には冬鳥として渡ってくる。胸が橙色で腹と腰が白、翼は黒と白と橙色。冬羽は褐色だが夏羽は黒くなる。大きな群れをつくって飛ぶ。

**1** **2** **3** 4 5 6 7 8 9 10 **11** **12**

## カシラダカ

**ホオジロ科**

高尾山の冬鳥。ホオジロに似るが頭の冠羽が立ち、腰は赤茶色、体の下面は白く縦斑が入る。写真は冬鳥で、夏羽は頭や頬が黒くなる。

**1** **2** **3** 4 5 6 7 8 9 10 **11** **12**

## ルリビタキ

**ヒタキ科**

高尾山では冬にしか見られない漂鳥。背中が美しい瑠璃色で、脇腹にはオレンジ色が入り下面は白い。人なつっこそうな可愛い眼を持つ。

**1** **2** **3** 4 5 6 7 8 9 10 **11** **12**

# 昆虫

チョウ、トンボ、カミキリムシ、クワガタ、セミ……よく知る昆虫をはじめ、多くの種類の昆虫が暮らす。巨大な昆虫標本そのものだ。

## ルリシジミ

**シジミチョウ科**

翅裏は白っぽいが、翅表はきれいな瑠璃色をしている。春先から晩秋まで、地面で吸水したり花で吸蜜する姿を見ることができる。

1 2 3 4 5 6 7 8 9 10 11 12

## テングチョウ

**タテハチョウ科**

顔に天狗の鼻のような突起がある。翅（はね）にはオレンジ色の紋。成虫で越冬するので、初春の暖かい日に日光浴をしている姿をよく見かける。

1 2 3 4 5 6 7 8 9 10 11 12

## キアゲハ

**アゲハチョウ科**

黄色いアゲハチョウという意味でつけられた名前どおり、アゲハチョウよりやや黄色っぽい。日当たりを好み、山頂でよく見られる。

1 2 3 4 5 6 7 8 9 10 11 12

## ウスバシロチョウ

**アゲハチョウ科**

翅は半透明の白。名前にシロチョウとつくが、モンシロチョウの仲間ではなくアゲハチョウの仲間。ふわふわと優雅に飛ぶ。

1 2 3 4 5 6 7 8 9 10 11 12

## スジグロシロチョウ

**シロチョウ科**

モンシロチョウと間違えやすいが、やや大型で、名前どおり黒い筋が目立つ。薄暗いところを好むので、樹木の中でよく見られる。

1 2 3 4 5 6 7 8 9 10 11 12

## ミヤマカラスアゲハ

**アゲハチョウ科**

カラスアゲハによく似ているが、より鮮やかな青みがかった翅を持ち、前翅の白帯も細い。日本の代表的な美しいチョウのひとつ。

1 2 3 4 5 6 7 8 9 10 11 12

## ベニシジミ

**シジミチョウ科**

前翅が名前どおり紅色で、黒褐色のふち取りに黒い斑点がある。春型のほうが色彩が鮮やかで美しい。高尾山麓の草地でよく見られる。

1 2 3 4 5 6 7 8 9 10 11 12

## ムラサキシジミ

**シジミチョウ科**

翅の表は美しい青紫色に黒いふち取り。翅裏は地味な茶褐色。成虫で越冬するため、春先に見かけることがある。食樹は常緑のカシ類。

1 2 3 4 5 6 7 8 9 10 11 12

## ツマグロヒョウモン

**タテハチョウ科**

メスの前翅の先が黒く、斜めに白帯が入っているのが特徴。ヒョウモンチョウの一種。南方系のチョウだが、最近は高尾山でもよく見かける。

1 2 3 4 5 **6 7 8 9 10** 11 12

## アサギマダラ

**マダラチョウ科**

翅は黒と茶にふち取られ、半透明の水色の斑紋がある。何千キロも旅をすることで知られる。幼虫の食草は高尾山に多いキジョラン。

1 2 3 4 **5 6 7 8 9 10** 11 12

## ダイミョウセセリ

**セセリチョウ科**

黒地に白い紋が入る。白斑が後翅にもあるのが関西型で、高尾山など関東型は前翅にしかない。ガのように、翅を開いて止まることが多い。

1 2 3 4 **5 6 7 8 9** 10 11 12

## ミヤマカワトンボ

**カワトンボ科**

金緑色の胴体に、翅は赤褐色で先は濃褐色になっている。前翅と後翅が同じ形をしている仲間の中では日本最大種。ヒラヒラと飛ぶ。

1 2 3 4 **5 6 7 8 9** 10 11 12

## ムカシトンボ

**ムカシトンボ科**

体長は5cm前後。原始的なトンボとされ「生きた化石」と呼ばれる。日本とヒマラヤにしか生息していない。高尾山で初めて産卵行動が観察された。

1 2 3 4 **5** 6 7 8 9 10 11 12

## オオムラサキ

**タテハチョウ科**

日本の国蝶として知られる大型のチョウ。オスは青紫色に輝く美しい翅を持つ。メスはくすんだ紫色。広葉樹の樹液によく集まる。

1 2 3 4 5 6 **7 8** 9 10 11 12

## ルリボシカミキリ

**カミキリムシ科**

体長16～30mmほどのカミキリムシ。きれいな青地に上翅には3対の黒紋が並ぶ。触角も青と黒の縞模様で、全体が微毛でおおわれている。

1 2 3 4 5 6 **7 8 9** 10 11 12

## ラミーカミキリ

**カミキリムシ科**

体長8～17mmほど。青白色もしくは緑白色と黒色のコントラストが美しい。体表はビロードのような触感。江戸時代、暖かい地方からの外来種。

1 2 3 4 **5 6 7 8** 9 10 11 12

## ミヤマアカネ

**トンボ科**

体長3cm前後のアカトンボの仲間。翅の先端近くに、太くて濃い褐色の帯がある。名前に深山（ミヤマ）とつくわりに、里山でよく見かける。

1 2 3 4 5 **6 7 8 9 10** 11 12

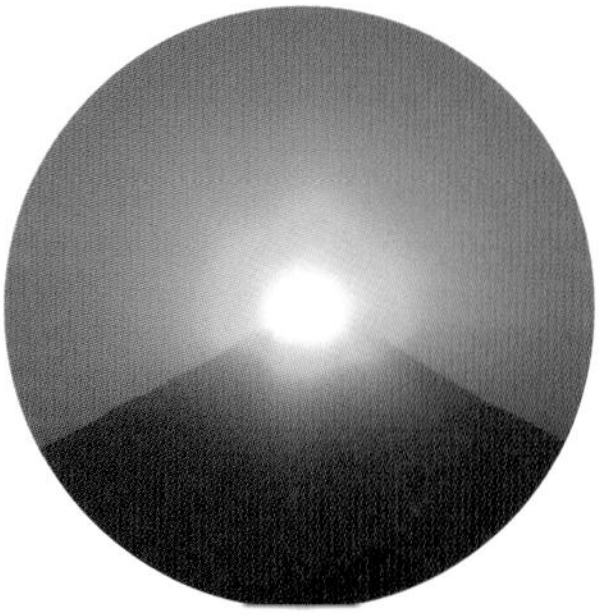


● 著者　スタジオパラム

● Director　清水信次
● Editor & Writer　島上絹子
市橋照子
田口裕子
山本　明
西村　泉
● Camera　上田克郎
● Illustration　渡部直子
● Design　スタジオパラム
● Map　ジェオ
板垣光子

● Special thanks　東京都高尾ビジターセンター
社団法人 八王子観光協会
京王電鉄株式会社
高尾登山電鉄株式会社
大本山 高尾山薬王院
高尾山商店会
株式会社モンベル
村上史子、石黒真依子

**まるっと　高尾山　こだわり完全ガイド　改訂版**

2021年 9 月20日　第1版・第1刷発行
2023年11月15日　第1版・第2刷発行

著　者　スタジオパラム
発行者　株式会社メイツユニバーサルコンテンツ
代表者　大羽　孝志
〒102-0093 東京都千代田区平河町一丁目1-8
印　刷　株式会社 厚徳社





ご意見・ご感想はホームページから承っております。
ウェブサイト　https://www.mates-publishing.co.jp/

企画担当：堀明研斗

※本書は2017年発行の『まるっと高尾山　こだわり完全ガイド』を元に、情報更新を行い、一部施設情報の入れ替えや再取材、加筆・修正を行い再発行したものです。